獻給我的父母親

文學叢刊

蘇友貞著

知更鳥的葬禮

文史哲出版社印行

國家圖書館出版品預行編目資料

知更鳥的葬禮 / 蘇友貞著. -- 初版. -- 臺北市：文史哲, 民 93
面： 公分. --（文學叢刊；167）
ISBN 957-549-579-9 (平裝)

857.63　　93021813

文學叢刊 167

知更鳥的葬禮

著　者：蘇　友　貞
出版者：文　史　哲　出　版　社
http://www.lapen.com.tw
登記證字號：行政院新聞局版臺業字五三三七號
發行人：彭　正　雄
發行所：文　史　哲　出　版　社
印刷者：文　史　哲　出　版　社
臺北市羅斯福路一段七十二巷四號
郵政劃撥帳號：一六一八〇一七五
電話886-2-23511028・傳真886-2-23965656
實價新臺幣三〇〇元
中華民國九十三年（2004）十二月初版

ISBN 957-549-579-9

自序

老牛拖破車地寫成這集子裏的小說。察看發表的日期，拖拖拉拉竟延展了整整二十年，叫人驚心無比。巧的是第一篇和最後一篇竟在二十年前後的同一日發表。第一篇〈花季〉發表於一九七八年一月五日的中國時報，而最後一篇〈卡拉俱樂部〉則在一九九八年的同一日發表在美國的世界日報。由於自己寫作方向的轉移，在這將近十年的時間裏，也再沒有寫過一篇中文的短篇小說了。

重讀這些舊作，當然少不了許多張愛玲所說的「齒冷」時刻。技巧不足處比比皆是。但也就像父母看著自己長大了的卻並不完全符合期望的子女，想及他們成長的艱辛與諸多善意的企圖，仍就有說不出的疼惜。對自己的舊作也有類似的情感吧。那些稚嫩但誠摯的創作衝動，在自己稍微成熟的評鑒下，除了批評與不滿外，仍免不了那份無關文學價值或文學技巧的珍愛。

但這份主觀與偏執的珍愛，是否足以構成結集出版的理由?在過去的數年中，自己一直執著一個否定的答案。年事漸長，人生的倫理期在望，寬容逐漸取代了不停求進的嚴苛，尚未晉升為祖父母級，卻先把那已漸浮現的對第三代無條件的寵愛，用在自己和自己的作品上了。想著敝帚自珍也並不全然是一種太壞的情緒。去年一次電腦危機，幾乎毀了所有的檔案，也就更讓自己開始找尋該把這些作品集合一處的理由，最終決定，把這些散佈在時間與空間裏的作品結集，成書現世，也是對自己生命的一種交待吧。

儘管小說技巧的不足，這些作品企圖探討的議題，卻仍讓我極端關切，且仍不斷地以不同的形式和語言，出現在我繁雜的文字工作裏。也是由於長居海外的個人經驗吧，時間與空間上的鄉愁在生命中衍生出的衆多相貌，一直是令我好奇與企圖描繪的現象。所以在這本集子中，除了早期幾篇大學時期的作品，其他每一篇幾乎都是這個議題的變奏。

這本集子當然是獻給我的父母親。能做這樣的題獻也是我想出這本書的一大動機。當然還有文學才份比我高太多，卻一直鼓勵我創作的姊姊詩人白雨，以及在生活上給我穩定與情感富澤的大培。以我寫作的散漫程度，此生無望有足夠的書一一獻給在文學與人生道路上曾和我有緣共行的同學和朋友，也只有一併在此銘記。

知更鳥的葬禮 目錄

知更鳥的葬禮……五
漢宮秋……二五
痧……四三
卡拉俱樂部……七三
搖到外婆橋……九七
阡陌之雪……一一三
寂寞的街道……一二三
九龍車站……一三三
宴會之後……一四五
如風的小名……一五一
傾城傾國……一五七
萱姨的家……一六五

花季……一七七
困……一八七
溺死三隻貓……一九三
兩則重逢……一九九
《知更鳥的葬禮》各篇發表記錄……二〇三

知更鳥的葬禮

（一）

安妮是唯一勸過我的人。她說我要是頭腦還清楚，就該知道接周立和冉妮來美國的後果。

「他們會恨你一輩子，你信不信？」這句話幾乎是從安妮的齒縫裏噴出來的，好像還帶了一陣冷風。

「你想想看，他們來了，看看你的生活，馬上就會覺得不公平。管你是多少年奮鬥出來的。他們一來，就期望和你過得一樣好。做不到，就會覺得不公平，覺得不公平，就要恨你，好象是你欠了他們一樣。」她接著又說。

安妮是我系裏的秘書。我和米雪婚姻搖搖晃晃的時候，常常有家歸不得地困坐在辦公室裏。幾次給她撞見，就聊起天來，後來竟成了一個傾訴的對象。

至於怎麼會決定接周立和冉妮來美國？可能是婦人之仁，可能是一分莫名其妙的虧欠感，我自己都弄不清楚。唯一明晰的倒是，做了一個自己都不太確定的大決定，害怕但又不能反悔——就像那時決定和米雪結婚時的心情一樣。

一九八〇年，中國大陸對西方打開大門，我們是被請回去的第一批「在西方的中國科學家」。我們的「回歸」，充其量不過又是一齣樣板戲吧！（在八十年代裏，我們重演著五十年代蘇俄老大哥的角色。）人民日報對於我們的活動行程，有著連續幾天的報導，包括一張醒目的鄧小平宴請我們的巨幅照片（我在上海的親友們，幾乎家家都剪下了那張照片，有些人甚至用紅筆在密密麻麻的人頭中，圈畫了我模糊的臉孔）。

離開祖國二十五年，那也能算是衣錦榮歸了。我在香港的父母欣慰地想著我所受的「新寵」，是足以彌補他們逃離大陸時的倉惶與難堪。雖然他們對於「祖國」已沒有太大的熱情與興趣，而自己的兒子成了鄧小平的座上客，倒也還是值得吹噓的了。

在爲期一個禮拜的行程中，我幾乎天天都是被大批人群所簇擁。回蘇州老家看奶奶的時候，整個巷子擁擠的水泄不通，竟然都是來看我的。當然，我隨行的美籍妻子，也是衆人好奇的對象之一。

米雪那時已懷有身孕，除了洋人在中國所必然引起的注意之外，更還有孕婦該得的那分。於是米雪搶足了她一向熱中的鋒頭。那些日子裏，她是快樂的。那也是我們短暫婚姻中一個短暫的黃金期。

而我自己對於所受的款待與注意，卻有著極度的不安。共產黨革命所要推翻的一切特權，其實又換了一套新面孔復生，而我代表的就是那轉世的不公平。

在層層村人環繞的叔叔家中，我見到了奶奶。因我父母的長年離家，我幾乎是在奶奶的照顧下長大的，奶奶也因而和我許多甜美的童年回憶相繫。然而，在吵嘈的人聲中，我對這個久別的重逢，竟無法有太多的傷感。十分老態的奶奶，因已與我童年的記憶拉扯不上，乍見之下，只有一分震驚與陌生。我又因自己沒有表現出太大的激動，而有一點難爲之情。彷佛我在衆人圍觀下，演砸了那個孝子的角色。

奶奶那時已近九十了吧！雙眼幾乎已全看不見，一路由叔叔嬸嬸扶著，雖然是面對著我，目光卻總是落在遠處。她喃喃重複的卻只有一句話：

「快幫著慶隆申請去美國啊！」

慶隆是我的大堂弟，這句話明顯是被叔叔教唆著說的。奶奶急切地重複著這話，帶著小學生深怕背書背不出的慌張。直到叔叔一把重推，她才「啊！」的一聲停在句子的中間。我突生的一股酸楚，卻被更大的憤怒所吞沒。我在香港時，就已聽了不少由上海傳去，叔叔虐待奶奶的閒話。叔叔以奶奶爲「人質」，已向我父親要了不少金錢物品。而我面前的奶奶，更已經被轉化爲一台喊話的傳聲機。我十分懊惱的離去，硬是辭去了叔叔爲我擺下的酒席。連米雪都說我太不盡人情。但我怎能忍受再去面對將奶奶轉爲工具的叔叔，以及他爲要利用我而僞裝的一片熱情？

憶起奶奶而激動的痛哭一場，卻是回到美國以後的事了。

和周立、冉妮的重逢，卻是那一次行程中唯一沒有巨大人群包圍的時刻。我在他們和另外兩戶人家共住的小屋裏，見到他們。

那時正是午後，街坊的人都睡著沈沈的午覺。我跨過門檻，進入他們那連下午的豔陽都照不進的斗室。周立和冉妮坐在面門的一張雙人椅上。他們可能早早打點好，正襟危坐地等著我來。冉妮的頭歪在周立的肩上，卻已睡熟。周立仍是正直地坐著，眼光卻也有些飄忽。在半暗半明的空氣中望見他們，我有著回鄉後第一次的哽咽。二十多年的人世滄桑，驟雨似的落了一心頭。

周立呵護冉妮的姿態，卻仍和二十多年前一樣。那時，他也是挺著肩，環著冉妮，在碼頭上爲我送行。他的身影，總令我覺得渺小。

「慶安！你該留下來。你的前途在中國，我們的前途都在中國。」那是周立在碼頭對我說的話。

一九五六年，百花齊放運動正如火如荼，那是共產黨控制中國之後，唯一放人出來的時候。我走了，去與香港的父母團聚。他們留下。門一關就過了二十五年。

二十五年間，他們成了政治實驗室中的試驗品，走過土改、反右、大躍進、百花齊放、文化大革命……。而他和千千萬萬知識份子一樣，躍躍欲試地去迎接著這一波波的新運動，堅強地隱忍各個運動所帶來的苦難，全爲了那中國可在一夕之間富強的枉然夢想。

二十五年後，在這斗室的門後，在他中年的心情中，還有什麼革命的餘火留存嗎？

我對著他灰樸的身影，怎能不興起對命運的慨歎？我想著二十五年前那扇硬被拉下的鐵門，門內門外不同的命運，以及二十五年中，多少被活埋的親情、友情與愛情。

周立在昏暗中，還是看見了我進屋。忙推著身旁的冉妮，自己已起身向前走來。他站起身後，我才注意到他的背脊已有一點彎駝。我們握住彼此的雙手。冉妮半醒之後，也向我奔來。站定之後，才見到她一臉的淚水，一頭的亂髮。而那藏在我心中多年，她站在碼頭上揮手的影子，卻好象浸透了漂白水似的，蒼老而黯淡。

周立那一下午與我的對話，是緩慢且低沈的，沒有太多的情緒。似乎在我的「風光」下，他只能噤聲，不好太招搖的訴起苦來。冉妮卻變得多語，對周立自己淡描的苦處，加上了許多細節。她訴說地兇狠，好象是在抗議周立的遮遮掩掩。說到極難堪處，在周立刻意的沈默中，她也有分尷尬，只能申辯著說：「有什麽關係，慶安又不是外人。」

我對她的絮叨有點厭煩，更感覺到我心中巧笑倩兮的影子，一寸寸死去的疼痛。門口不久又圍攏了一大群人。在周立的沈默、冉妮的聒噪，及衆人的紛擾下，我急速做下了那個擔保他們來美國的決定。好象那是我在那樣的情況下，所能做的唯一事情。衆目睽睽下，灰樸的周立及冉妮，簡直就成了我的責任。圍攏的衆人不正要觀看一齣老友重聚首的好戲？而那天下午的空氣，期待著比「不堪回首」的唏噓更壯烈一點的情緒。

我那突然出口的保證，也是想給自己一點激情吧！補償我這返鄉路上太過平靜的心情。在美國二十多年來的懷鄉情緒，因爲一直尚未兌現，而有說不出的空洞與著急。

對故友這分戲劇性的慷慨手勢，才使我快速的進入了「少小離家老大回」那一套故事的情節之中。

（二）

米雪沒有反對我的計畫。她那時是籠罩在一片快樂之中。回到美國之後，她就忙著四處炫耀她的中國之行，也當然沒有忘記那張與鄧小平的合影，在密密麻麻的人頭中，向人指出她爭氣的中國丈夫。

這陣高潮過後，邁可也誕生了。而我們的婚姻則是急走下坡。本已搖搖欲墜的婚姻，怎再經得起一個嬰兒所帶來的各種混亂與要求？

周立和冉妮到的那一天，我正和米雪吵得天翻地覆。

電話鈴在我們彼此的叫哮聲中，突然響起，暫時打斷了我們的爭吵，但是兩人卻都堅持不去拿起那個話筒。電話鈴在邁可時大時小的嗚咽聲中，固執地響個不停。米雪眼見僵持不下，乾脆扭身跑上二樓的房間，大力摜上房門。

我生氣地拎起話筒。對方在鈴聲響了那麼久之後，卻突有的回應，有幾秒的愕然。隨後，一個中年男子的聲音傳來：

「喂！喂！是韋公館嗎？」

這句話雖然是用英文說的，但那個「韋」字的第三聲發得奇准，再加上開始的那兩聲「喂」，必是中國人無疑了。我直截了當地用中文說：

「我是韋慶安。請問是那一位？」

電話那頭傳來一陣驚喜：

「慶安啊！我是周立。我們到了，我和妮妮到了，就在芝加哥的飛機場啊！」

我在震驚中，只能說出：

「你們怎麽……怎麽還是來了？」

邁可仍在一旁嗚咽，擾得我心頭更亂，對著他就是一聲大吼。那聲吼叫，仍透過我覆蓋在話筒上的手指，而傳到線的另一端。周立急著說：

「喂！喂！怎麽麽回事？」

我的火氣越冒越高：

「怎麽回事？你們怎麽回事？收到我的信沒有？」

那一頭的聲音少去了一點興奮：

「收……收到了。見了面再說好不好？我們在機場第十八號門。你能不能來接一下？」

我摜上電話，情緒澎湃得厲害。米雪那個婊子，還是關著門不出聲。我一把拎起了哭叫的邁可，想拿他當武器。沒想到當我把他一股腦放在米雪的房門前時，他卻停住了哭聲，對自己所面對的新處境，好奇起來。我只好對房內大叫了：

「不要以爲只有妳可以逃避，我現在就要離開這裏，離開這個地獄。」

去飛機場的路上，我還是沒能理出一個頭緒，到底該如何去安頓送上門來的周立夫婦。

從大陸回來之後，我立刻進入了美國忙碌的生活節奏，幾乎已忘了答應周立他們的事。他們追問的信卻是馬上就到了，接下來就是塡也塡不完的表格與具結書。我和米雪日日的爭吵，使我也沒有什麼心思去衡量這件事的輕重。米雪就算只是在興頭上，至少沒有反對過這件事情。

安妮卻就在那時勸我立刻打退堂鼓，不必枉做一些結局必然慘烈的事。我起初有點反感，把她的反應歸類到美國人一派只思己利，不願招惹的作風。但後來細想她的話後，也開始猶疑起來。最主要的是，我一直無法在理智的層面上，弄清楚自己做這件事情的動機。

大陸之行是個徹底的失望，也使我不願再強迫自己去相信那分所謂的「鄉愁」。這個二十多年來一直是自己精神避難所的鄉愁，原只不過是自己所揑造的一分虛僞與方便的藉口罷了！那分以爲是因在「異鄉」的寂寞與不快樂，並沒有因爲返鄉而有輕減。大陸之行所帶來的幻滅，只是很現實地撤去了那個其實方便的避難所。同樣的寂寞與不快樂，我不知道如何面對比較容易，赤裸裸的？或是加上一些鄉愁的假像？徹底的心死也是治癒懷鄉病的一種手法——完全與根本的切除。

三個月前，我和米雪的關係日益轉壞，簡直不能想象周立夫婦此時介入我們生活的局面。我於是寫了一封挂號信給周立：

「……我和米雪的婚姻已大有問題，你們要是此刻來，我不但沒有心力安頓你們，恐怕也對我們的婚姻不利。你們若能延後行程最好，否則先去香港也是一條路，我自然仍會實現我的承諾在經濟上支援你們兩年。希望你們能體諒我的難處。但願半年、一年內能有個轉機，屆時再接你們來美……」

他們一直沒有回信，但掛號信的回條都有了，總是收到信了吧！

我還私自以爲他從信中讀出了我的意思，知難而退。那樣最好，整件事就讓它慢慢淡去算了。沒想到他們卻是霸王硬上弓，不讓我有說話的餘地，就先斬後奏地殺到了門口。

我心中充希滿了被愚弄的憤怒。我突然發現他們並不是楚楚可憐的無依者，而我也不是權勢十足的施捨者。不論是出自心計，或是出自情急，他們都使我在自以爲控制穩當的大局中，措手不及的輸了第一回合。

（三）

我安頓他們在旅館住了幾天之後，米雪居然反常地要接他們回家裏住，並在起初的數日中，十分殷勤的招待著他們。我不信任地猜測著米雪這反常行爲之後的動機：可能周立夫婦使她又重溫了中國的那段快樂時光；可能她樂著有冉妮這樣現成又不花錢的保母。

然而，好景並不長久。在我正要得意地駁斥安妮的理論時，米雪開始抱怨家中有外人的各種不便。最令米雪咬牙切齒的是，冉妮時時自以爲是的介入我和米雪的爭執。這是中國人「長嫂如母」的作風，卻是美國人最痛恨的「幹人隱私」。

真正的導火線卻是冉妮從上海「偷渡」到美國的貓「咪咪」。冉妮從一路把貓藏著，我們都不知情。有一天，咪咪偷竄進了浴室，卻撞見米雪正在淋浴。只見米雪面色蒼白的由浴室沖出，下了樓才敢高聲尖叫。隨後又開始神經質的打噴嚏，她一直相信她對貓是有過敏症的。全部過程簡直像是肥皂鬧劇中的一幕。

事情鬧開了，冉妮才告訴我們，她捨不得把咪咪獨自留在上海，一路把咪咪藏在布袋中，過了關，帶了來。米雪張著口，驚愕地聽著這個「走私」的故事。

我在冉妮講述貓的故事中，卻回憶起一點像是柔情的東西。在她叫著「咪咪」名字時，我心中那以爲已抹去的冉妮的影子，又光亮起來。

周立、冉妮和他們千山萬水外帶來的貓咪，讓我嫉妒地感覺著自己的孤獨。

在米雪人貓不能共存的歇斯底里中，我在芝加哥一小時車程外的一所小學校，爲周立弄到了入學許可，先念英文，再入電機系。

（四）

他們搬出不久，米雪和我也分別請了律師，正式開辦離婚手續。

雖然吵了幾年，離婚後的日子卻絕不見得好過從前。我獨自租了一所公寓，房子已由法官判給米雪，邁可亦歸她，我一星期得見一次。

在沮喪的日子中，周立及冉妮成了一件我不願去管卻不得不管的負擔。周立搬去南城之後，我很少和他們接觸，每月的生活費雖按時寄去，卻也不附隻字片語。偶爾打個電話，卻也完全出於責任。除了已無感情上的需要外，避免和他們接觸，似乎也是害怕，害怕又會聽到他們什麼新的危機、新的困難，或是新的要求。

「你們已不是朋友的關係了。」又是安妮的話：

「因爲你們站在不平等的地位。現在他們必須要完完全全地依賴你。也就因爲這種依賴，使他們不能對你全然誠實。而這些他們並不情願的依賴與一些他們認爲是必要的欺瞞，也就使他們不自覺地在心底恨你。」

雖然有安妮的話在先，當我陸續發現周立和冉妮對我隱瞞的幾件事情之後，我還是有著不可控制的憤怒。

我輾轉聽說冉妮的父親曾要他們去德國（冉妮的父親是德國人，一九四九年之後，離開大陸返回祖國）。但周立夫婦計算之後，覺得還是美國的發展較大。我又聽說周立有位表兄在加州，他早年來美，趕上矽谷的那一陣熱，自己開了一家電子公司，如今已是幾百萬的小富翁了。南城大學的朋友又告訴我，周立其實已在一家中國餐館洗起盤子，每個月也有幾百塊錢的收入……

這些事件的欺瞞本質，更證實了他們刻意在我面前強做「無依狀」以博取同情心的意圖。除了自己被欺騙的原始憤怒外，我也不安的意識到，我的憤怒中竟也摻雜了一點自以爲是施捨者的強勢地位被動搖後的懊惱。

周立、冉妮來美之後，我又不斷收到大陸的各種來信。不外是要我幫他們來美國的要求，而周立和冉妮雖然在我面前苦經連篇，卻也在寫回大陸的信中，極力炫耀他們的美式新生活，自然引來不少的妒嫉與怨言。我的叔叔及堂弟們就一再來信質問，爲什麼自家人不幫，卻去幫一個外人。

「其實最好的安排是你寄錢回大陸支援他們。你能盡點心意，卻又保持距離。他們是屬於大陸的，在那兒他們應該快樂得多。爲什麼要一股勁的來美國呢？」安妮在周立他們尙未出現時，就曾這樣對我說過。我因這話中含有的「排外」意識，而十分不悅。安妮是否覺得我也應該屬於中國呢？

其實我現在所做的，不就好像他們只是人在大陸？除了每個月一次公式似的電話之外，我和他們又有什麼接觸？我像是一台付錢的機器，按月付上生活費。其實，對於我的兒子邁可與前妻米雪，我是不是也只是一台付錢的機器？一台由責任與義務操管的機器是不需要情感的潤滑油的。

這樣的了悟令我十分傷感。我不知道自己當初決定幫助周立來美的心情的底層，是不是也有一丁點情感上的想望？想望那二十多年前被活埋的友情，能在這片新的土地上，再度飛揚起來。

（五）

如所預期的，周立的學位念得很苦。但到底不是什麼名校，又是工程科。他磨了三年，也給他磨到了一個碩士學位。他找事的時候，我酸溜溜地說：「去加州找你的表兄呀！」表示我也不是全被蒙在鼓子裏。

他決定去加州找事，我頓時覺得鬆了一口氣。這分負擔，終於可以完結了。至於我投下的萬元美金，周立雖然口口聲聲要如數奉還，我是沒抱太大的希望。值得安慰的是，我畢竟有始有終的做完了這件事。

後來知道他在加州找到了工作，我又能真心地替他們高興。那樣的心情，又像是在對待一位朋友了——一位在遠方不必見面的朋友。

他後來的來信，卻仍充滿了自憐與抱怨的口氣。他工作的那家公司答應爲他申辦居留，因此工資給得較低。他抱怨是被剝削，又開始抱怨冉妮沒有工作能力。

人往往在走上坦途後，反而更有金錢上的計較。這一分計較甚至可以動搖他對冉妮做一生無怨無悔的奉獻的初衷。

我們有近一年的時間沒有互通訊息。我卻在一個寒冷的周日上午接到他的電話。他要求我借他們兩萬塊錢，做爲他們買房子的頭款。我暴怒的反應幾乎是立即的，但我仍強壓下怒火，心平氣和地對他說：

「周立，你真以爲我有一座金山，隨手就拿得出兩萬塊錢？我自己的負擔不輕你是知道的。米雪那兒每個月還有七、八百塊要打發。當初我們有言在先，我只供你念完學位。現在你事情都找到了，薪水恐怕比我的還高。積一、兩年，總可以買得了房子，爲什麼急於這一時呢？」

我含在嘴裏沒有出口的話其實是這樣的：

「你欠我的一萬塊錢不先想著還，倒先想著買房子。」這句話雖未吐出，卻也難咽回去，哽在喉頭作怪。

周立在電話那一頭，沈默了片刻，咽了咽口水，才說：

「我的薪水當然沒有你高，這怎麼能比呢？主要加州房地產真是緊張，你邊存錢，邊看著房價高漲。我和妮妮想著，你要是能幫我們一下頭款，我的薪水按月可以支付貸款。買下房子，也安下了心。現在不買，再等一、兩年，更買不起了。欠你那筆錢，我是一直銘記在心的。一有能力，就會奉還。」

「房地產漲價也有一個底線，不會一路這麼漲上去。到了大家都負擔不起，沒人買房子的時候，房價自然就會掉下來了。這是經濟學上供需平衡的基本道理。」

「我是不懂這些。我只知道我現在不買房子，我就一輩子翻不了身了。」

他這句「翻不了身」可真惹火了我。在過去的幾年中，每個節骨眼上，他用的都是這句話。明擺著要看你能不能見死不救的態勢。我不免提高了聲調：

「這是你第幾次告訴我翻不了身？我自己做事做了十年，才想到買房子，那時有誰幫過我？你要想想自己在大陸過的日子，這幾年來，你已有了完全不同的生活，也該知足了。」

「我和妮妮能有今天，都是你的恩惠，這是我們一生都不會忘記的。」電話中傳來周立背書般的聲音，刻板地不帶一點感情。

我知道我極需控制，再下去，不堪的話就要出口了。周立也需要他的自尊。我要聽的並不是他這虛情假意的謝恩。令我覺得悲哀的是，多年來他還是一直以爲那是我想要聽的話。抑或是他狡猾地知道，他這話永遠可以塞住我的口。

電話兩頭的默然，沈重的如我們之間越裂越寬深的鴻溝。最後，仍是我受不了而打破了僵局：

「我實在拿不出兩萬塊錢，最多一萬。」我不知爲什麼，道歉似地對他這麼說。也許就是我一向不能斷然拒絕別人的弱點，而周立對我這個弱點自然已是瞭若指掌了。

「一萬就一萬吧！我再去別處湊好了。謝謝你了。你一再的幫我們，這分恩情，我們怎麼還得清……。」

我不等他說完，就把話筒掛上。下面的話不聽也罷，我都可以背誦得出了。

邁可自房間裏走出來，面色凝重地問：

「你剛才是和媽咪講話嗎?」

邁可是在父母的爭吵中長成，以爲凡是我大聲講話，對象必定是他的母親無疑。

我心疼地攏過了他：

「等下爹地帶你去麥當勞吃快樂餐好嗎?」

這是我所知道對孩子展現心疼與情感的唯一方式。邁可的臉總算綻開了笑，他迫不及待地告訴我快樂餐這個月所贈送的玩具是個什麼樣式。

開門出去時，外面已飄起毛毛細雨，把周末時冷清的街坊灑點得更加寂寞了。

邁可在麥當勞顏色鮮豔的卡座中，快樂地吃著他的快樂餐。突然，他像想起什麼心事似的問著：

「爹地，早上你和誰在電話裏吵架?」

「爹地的一個朋友。」

「你爲什麼和你的朋友吵架呢?」

我竟被問得有點虛心，笑答著說：

「我們不是吵架，只是在爭論一些事情。」

「爹地，這個朋友是不是你最好的朋友?」

「以前是，現在不是了。」我說完就後悔，這算那門子和孩子說的話。邁可卻也沒再追問，只歪著頭問：

「那是多久以前？」

我呆愣了一秒鐘，忽然覺得有股情緒上來。我穩住了自己的聲音，慢慢地說：

「是爹地和你差不多大的時候。」

邁可的眼睛一亮，臉上充滿了驚異的表情。不知是驚異我也曾和他一樣大小，還是驚異我有個來自那麼從前的朋友。

我卻得強硬地咽下那突而湧上的哽咽。望著窗外的一片煙雨，我輕輕地，好象是對自己說著：

「真的！真的是和你差不多大的時候。」

（六）

認識周立那年，我家剛從青島搬回上海。上學的第一天，我就給一群孩子欺負了。由於我是新學生，更由於我是讓奶媽領著上學的，我馬上成了那群孩子取笑的對象。他們圍著我的桌子，用山東腔叫笑著：

「小山東！小山東！」

其實我是道道地地的上海人，青島只住了兩年，這次還算是回到老家。在青島的兩年，我卻也因爲是上海人，而被人叫成「上海驢」的。

我原應用上海話罵回去的，也好顯示我並不是外地人。而我好哭的性格，卻使我還沒說話就已眼淚盈眶，絲毫沒有反擊的能力。我的眼淚自然招惹來更多的嘲笑。

是周立來解的圍。他比同班的孩子稍大一歲，卻已有一股震服人的氣勢，三言兩語就把那群孩子打散了。

我們就這樣認識，成了朋友。有了周立，我也不急著去交別的朋友。更因爲我知道，和他在一起，別的孩子是不會再來欺負我的。我等於被他「收容」，成了他的小跟班。

周立收容的，倒也不只有我這個「小山東」，還有被人叫成「小雜種」的冉妮。冉妮的父親是德國人，娶了中國妻子後，就在上海定居下來。收容「小山東」要比收容「小雜種」容易的多，因爲「小雜種」所受的歧視比「小山東」更要殘酷。再加上這個「小雜種」還是個女的。記憶中，周立不知爲冉妮打過多少架。每次打完架，他都會很英雄的說：「妮妮！不用怕，我會保護妳。」這話到了初中，就成了：「妮妮！我會保護妳一輩子。」

我們三個成了很好的搭檔。我的功課很好，成了我對這個小圈圈的貢獻。周立不用說自然是這個小圈圈的靈魂。冉妮呢？她是女生啊！三個人各有所長，都有了自己的地位。

我家在上海住的是一棟兩層的磚房。由於隔間奇特，每個房間都顯得特別隱密。我們最愛在二樓的邊間玩。窗子正對著一棵大樹。

有一天，周立偷偷帶了一把氣槍來，說要教我如何放槍。冉妮在一旁用手蒙著耳朵，一股腦地搖頭，不要我們玩槍。我對刀槍也有天生的恐懼，拿著氣槍的手，不聽指使的抖索起來。周立在我們兩人的恐懼中，好象又高了幾寸。他一面安撫我們，一面又有說不出的自得。

爲了示範起見，周立接過氣槍，對著窗外的大樹。槍響的那一刻，我和冉妮同時驚跳起來。我們都沒想到他會真的扣下扳機。

窗前晃過一個黑影，沈沈的一樣東西就掉到了樓下。

周立探頭往下看，興奮地說打到了一隻鳥。我們三個人一起走下樓去。周立走在最前面，冉妮怯怯地和我並排而行。她死命地抓著我的手，一手的汗。

那是一隻肚子橙紅的知更鳥，僵硬地躺在水溝旁邊。細看時，它的小腳似乎還在蹬踹。周立撿起那隻鳥，送到我的面前。他抓著我的手，放在鳥的身上：

「還沒有死啊！」他說。

冉妮突然在一旁哭叫起來：

「爲什麼打死它！爲什麼打死它！」

本來有著得意之色的周立，立即換了臉色，上前去安撫著冉妮。哄了一會，周立又討好地說：「埋起來好了。埋起來，再做個碑好不好？」

冉妮的眼睛一亮，對於這個儀式生出了極大的興趣。

我在櫥櫃中找到了一隻裝鞋的紙盒充當棺材。三個人浩浩蕩蕩地走進了學校後面的小樹林裏。

周立神色肅穆，像是參加一場真正的葬禮。我們在小溪邊掘了一個洞，把紙盒放了進去，加上泥土，再撒上很多的落葉。

回程時，冉妮和周立走在前面，手牽著手。不知爲什麼，他們那相依的背影，竟在我心裏撩起了一陣淡淡的疼痛。我想起了才被葬下的知更鳥，回頭看著那鳥的墓地，卻已有一層濛濛的霧起。

我索性坐在小路旁邊，找了一根枯枝，輕輕刮著我鞋底的污泥。看著他們不曾回頭的背影越行越遠，我的心底突然生出一陣驚恐：那氣息尙存的知更鳥，可能正用它微弱的細爪，輕抓著那紙盒的四壁。徒然地，它掙也掙不出那已緊閉的盒蓋，層層的泥土，與泥土上厚厚疊起的落葉。

漢宮秋

橫跨美國的第八十號公路也穿過這個城市，在近城的東西兩端與環城的二八〇號公路相交。形成一個「日」字形的公路網。這樣的公路模型，複製在許多其他的美國城市裏。而無所不在的中國餐館，卻也有不少是寄居在這邊緣與中心交織出的脈絡之內。由西向東行，在入城之前，「漢宮酒樓」四個大字就在旅人已漸茫然的視網中，照映出一個神奇的影像。再疲倦的眼神，也是不可能視而不見的。入夜之後，那四個字血紅地亮著，悚然地橫坐在城郊霓虹尙且稀疏的天空裏。

蔡尙東對這突兀的效果卻是十分自得的。他甚至咬文嚼字地說過：「漢宮酒樓是艾城東緣的一顆明星。」當初買下前任經營慘澹的比薩屋時，他執意保留了那斜坡似的屋頂，改漆成了搶眼的紅色之外，再加上了隸書體的四個大字。就是在霓虹尙未亮起的白日，這四個厚重的大字，也撿拾起了斜屋頂上的一片紅光。

李莉在轉下二八〇號公路時，就一眼瞥見了那鬼魅似的四個大字。她反射性地偏過頭去。旁座的蔡尙東正搖搖晃晃地沈睡在他黃昏的夢境裏。他的頭軟軟地垂在脖子上，身子鬆垮垮地隨著車子震動，而緊閉的雙眼卻在額頭上拉下了一簾皺摺。李莉的頭又是一轉，多了一點嫌惡的臉色。近日來，蔡尙東幾乎是一上車就可以沈睡成這樣。當車子停在餐館的那一秒鐘，他又會像計時器到時般地驚醒，抹掉一臉睡意，精神抖擻地步入餐館，大聲地張羅使喚，完全是個精抓利銳的角色。也只有她看得見他的這股老態。

今天，蔡尙東卻在未到餐館前的十字路口就醒了過來。李莉知道他的動靜，卻也不看他一眼。他整了整衣服，坐直身來。

李莉將車駛入最靠門邊的車位，偌大的停車場上只有另外兩輛車子停在最老遠的角落中，那是蔡尙東規定餐館員工停車的位置。李莉朝那方向瞥了一眼，卻沒看到耿天遲的破車。

熄了火正要下車，蔡尙東卻說：

「莉莉，今天我……我不進去了。打烊時來接妳。」

李莉且坐在駕駛座上不說話，好象還在費神地琢磨蔡尙東所說的話。半天，她才推開了車門，一腳跨了出去，在摜上門的前一秒，彎下身說：

「又去許老闆家打牌。」

說完死命摔上了車門，踩著高跟鞋敲響的聲音，一步一晃地走去。

李莉關門的巨響在空氣中嘶嘶震盪，良久才在欲暮的光影中沈澱下來。蔡尙東呆坐了片刻，然後誇張地伸了一個懶腰，嘴裏發出喔喔的叫聲，像是在慶祝才剛獲得的自由。他的叫聲卻也無預期的清脆，在法蘭絨鋪飾出的汽車內間裏，連個回音也驚動不起。他看著李莉淹沒在那扇紅門的後面。她必是用盡了力氣推門，在她消失之後，紅門仍然來回輕輕地搖擺，連門旁那兩頭金漆木雕的麒麟，也彷佛在一片紅影中微微顫動。他無意間又瞥見了左邊麒麟頭上那片剝落的金漆，心中頓然生出一股煩燥。又到了該重新油漆門面的時候了。

第一次帶著李莉來餐館時，她剛「登陸」不久，什麼都覺得新鮮。對著這個建築式樣並不十分中國，卻掛滿了各樣中國裝飾的餐館尤其好奇。雖然她在遠處就指出了那片屋頂的太過平直，沒有宮殿飛簷的精翹，走近了反而覺得那些小小飾物的好玩。就因爲一切都不對稱，索性就成了孩子辦家家酒時堆砌的娃娃屋了。她一邊敲著紅門上的銅環，一邊輕拂著金身的麒麟，羞怯又興奮地像個孩子。當她來回穿梭而不慎撞動了一頭麒麟時，她才「咦」了一聲回到了大人的世界。她轉身對蔡尙東說：

「原來是木頭做的啊！」眼睛裏儘是訝異與失望兩種表情的混合。他竟有點受傷的感覺。

不過李莉對那兩頭麒麟是木是金，倒也不是真正在意。熟悉了餐館的作業沒多久，她變得比他還要實際：

「當然用木頭做。還真用金子去雕一個啊？那要多少錢？」她後來常理直氣壯地這麼說。

李莉走進餐廳，夕照從面西的窗口落了一室，偌大的餐廳中一個人影也沒有。除了在光影中遊移的一片塵埃之外，一切都是靜止的。她忽地覺得耳內嗡嗡做響，是這一片寂靜，騷擾著她慣於轟鬧的耳根。被收拾得乾淨的桌面，在已將老去的日光中，像一張張赤裸無形的面容。而四壁上原該金燦的雕飾，少了燈光的打亮，就都泛著褐沈沈的浮光了。除了空氣中常在的濃烈油煙味道，還給這個所在一點生命的氣息之外，一座餐室竟像一座久遠前就被廢棄的宮殿，而一身絲繡鳳仙裝的她，立在這寂寞的暮靄中，簡直像是被遺忘在這宮殿中的白頭宮女了。

後面廚房有了些動靜，燈光拍地一下全給扭亮了。李莉躲閃似的低下了頭。在一秒之間變得富麗堂皇的餐室的那頭，搖搖晃晃走過來的，是還披了條圍裙的姚師傅。

「老闆娘，今天這麽早啊！」姚師傅上前招呼她。近身時，一股酒氣沖了過來。李莉皺了皺眉頭：

「老姚，又喝酒了。說了多少遍，白天別喝酒。傷身又誤事。」

她邊說邊徑自走向櫃檯，拉開一張小門，把身上的皮包，手上的提袋，一股塞了進去。那個紮了紅花的銀色包裹從提帶裏滑了出來，李莉停了一秒，輕輕把那包裹推回袋裏。站起身來，臉上閃過一抹笑影。她忽然變得溫柔起來：

「老姚，說真的，你這個壞習慣該好好給改了……。」

「小莉！」老姚叫了一聲，把她的話打斷了。老姚也不是第一次叫她「小莉」，但是聽起來還是那樣突兀。連老姚自己都有點僭越的難堪。他清了清喉嚨，尷尬地陪笑著說：

「喝不壞的。就這麽點消遣嘛！是吧？」他兩隻手在白色的圍裙上來回地搓著，像個做了錯事的孩子。李莉歎了口氣。她要不是怕上次那樣的事再發生的話，才懶得管他。怎麽管哪？一個人孤清清地在廚房中賣命，沒日沒夜，沒個家人。不喝酒，叫他幹嘛？那次老姚喝了個死醉，在廚房又吵又鬧，一個菜也上不上來。後來她聽得別人唏唏嗦嗦地說，好象是老姚在大陸的老婆出了什麽事。她也沒去細問，不想知道這些慘事，自己不是才費心地從那個亂糟糟的世界中掙逃出來？

蔡尙東原是氣得要換師傅的。後來還是盤算著老姚划算，肯賣力又沒什麽二心。如今不求加薪也不跳槽的師傅去那找啊？想著還是吞下那口氣，留了他。卻可是囑咐了李莉要看牢老姚，別再出什麽紕漏。

「老闆今天沒來？」姚師傅晃著頭，誇張地四處張望著，好象不見的老闆是會掉在地毯上或是藏在桌子下面。

「又去許老闆家打牌了。」李莉氣狠狠地說：「沒日沒夜地打，我看他生意都不要做了。」

老姚不知怎麽接口，想安慰老闆娘，卻也不好批評老闆。只能喃喃地說：

「打小牌嘛！」

「小牌！恐怕不見得喲！」李莉像與人絆嘴似地嘟噥著。她忽然擡起頭，遲疑了一下，然後像說個秘密似地輕聲說：

「姚師傅，我問你。我沒來以前，他是不是這個樣子？」

李莉的音容簡直有點要拉攏老姚與她共謀的態式。老姚有一點受寵的訝異，卻又立即了悟這個情勢的敏感，他是不能「出賣」老闆的。

老姚現出了爲難的臉色。他大概也真是不太知情吧！看著老姚吞吞吐吐的樣子，李莉心中十分不樂意。她其實會這樣直接了當地問老姚，也是看在他是唯一還算接受她的人。其他的人口裏不說，心中卻那一個不在排斥她？尤其她剛來，蔡尙東還在打離婚官司的時候，餐館中沒有一個人肯正眼看她一下，誰知道她做不做得成老闆娘？

老姚對她最親切，老攀個同鄉的關係找著她問家鄉的事。她才出來，大陸上的事恨不得忘得精光，說也不愛說。直到有一次老姚借著醉，鼻涕眼淚地說她和他大陸的女兒是一般的年紀，她聽了覺得淒慘，才不免動容。也因這層關係，她也由著老姚叫她「小莉」，姑且充當他那個大概一輩子也不會再見的女兒。

李莉扭身坐到櫃檯後面，不再搭理姚師傅。就在這時，魏敏推門進來，正好替老姚解了個圍，老姚乘機一溜煙溜到後邊廚房去了。

魏敏是餐館的帶位，和李莉一向不太對頭。她自己陪著先生讀書，苦哈哈地一個小時四塊錢地打工活口，當然看不下李莉那麼舒舒服服地做現成的老闆娘。兩個人年齡相彷，際遇卻如此不同。魏敏雖是嫉妒，卻要反過來神氣地說，自己是靠本事賺錢，那像李莉單憑色相。但她有時又會生氣地覺得自己長得並不比李莉差。似乎，要是真的需要色相，她也還有，怎麼就是沒有輪到她呢？

魏敏穿著一套改良式的旗袍，翠綠卻鑲滾著桃紅的寬邊。「簡直俗不可耐！」她向丈夫說。那是餐館供應的帶位制服，魏敏罵的當然是李莉的低俗品味。

大約也是為要出一口氣吧，李莉真的做上了老闆娘之後，就對餐館來了個除舊布新，像是要給人看看她李莉還有足夠的權力和本事的。最先改革的，就是人人看得見的員工制服，帶位穿寬旗袍，跑堂則是黑褲紅衣，再加個小小的黑領結。卻也和原先的制服也並沒有太大的不同。她每天上班似的去餐館叮哨，帳目全部自己管，連收錢也不經他人之手。蔡尚東看她上道，久之，就漸漸退隱，一個星期只出巡似的來個一、兩趟，這可是他當初看上李莉時沒有算計到的一個大便宜。除了英文之外，李莉對於這個資本社會，簡直適應到了如魚得水的境地了。

魏敏冷淡地招呼過李莉，也把隨身的東西塞進了櫃檯下的架子上。一不小心，撞歪了李莉才放進去的提袋，那個紮著紅花的銀色包裹，又滑了出來。她「咦」了一聲，偷偷扯了扯那個包裹。李莉眼尖，馬上湊上來，把提袋移開了。

「送誰的禮啊？」魏敏問道。

李莉忽地紅了臉，結巴地說：「沒……沒有。送……送個朋友。」

魏敏狐疑地瞪她一眼，沒再做聲。

兩個人開始擺桌子，放蠟燭。一個鳳仙裝，一個改良旗袍，像兩朵鮮豔的雲彩，在燈火通明、金壁輝煌的「漢宮酒樓」中飄盪起來。

客人都已陸續到來時，她還沒看到耿天遲的影子。抓著也是臺灣來的小吳就問：「見到小耿沒有？怎麼還沒來？」

小吳不耐煩地搖搖頭。末了，還是要不饒人地挖苦她：「我怎麼會知道呢？老闆娘，妳又沒把他交給我。」

李莉頓時臉上一熱。她敏感地聽到那帶惡意的笑話，竟引來了其他人的一陣竊笑。她開始有點生氣了，也不知道是生誰的氣。

耿天遲是經常遲到的。他甚至大言不慚地說，那是他老爸取壞了他的名字：「天」要他「遲」到，他怎能不遲。遲到歸遲到，卻也沒有像今天這樣遲過。李莉氣完之後，卻又開始牽掛起來，別是生病或出事了。

耿天遲是小吳介紹來打工的，他穿得總是很好，尤其比其他大陸來的跑堂體面。說起英文來，又是流利的不得了，碰到那幾個大學裏教書的客人，總可以聊上一大篇。小耿人長得老高，總有一米八十，卻配上了一個斯文的書生臉。不說話時看上去一派正經，說起話來，卻又是一臉的狡黠。他和別的跑堂說起笑話來，常是沒完沒了。李莉也跟著大夥混笑，不太相信這麼個秀氣的人，能有那麼多「腥葷」笑話好講。但他對她卻總是必恭必敬，

「老闆娘」長，「老闆娘」短，都有點作戲的味道。他和小吳是餐館中唯一臺灣來的學生。李莉聽說現在臺灣來的學生，錢如山高，急著買車、買房子都來不急，還用得著打工？

「我爸說過我如果不轉行，他就斷絕我的經濟來援。」耿天遲對李莉這樣說過。那天打烊後，耿天遲的破車發不動，她送了他一程。

「老爸要我改學商業管理。我卻還想留在歷史系念本行。他就真的『嘎』一聲，不給我寄錢來了。」耿天遲很戲劇性地用手指在頸間一劃。

「打工賺的不多，至少生活費有了。反正我的活簡單嘛，也花不了多少。」耿天遲說時對李莉笑笑，好象還想安慰別人不必為他太難過。

「你爸爸也沒什麼不對。念歷史將來幹什麼呀？當然是念商好找事。」李莉輕描淡寫地說著。

「他當然沒有什麼不對，只是他並不知道他自己的兒子是個什麼樣的材料。」耿天遲答道。

「其實學商可能也不需要什麼特別的聰明才智。我自己現在管這個餐館，並不覺得有多複雜。」李莉露出了一點微笑，想到了自己的長處，有幾分得意。

耿天遲眼望著窗外，不再答腔，只是嘴角掛了半個莫測高深的微笑。李莉敏感地覺得他是在笑她說的話，心中突然感傷起來。小耿常常作戲似的哄著她，心底卻仍是看不起她的。

耿天遲住在房租便宜的城南，是李莉從來沒有到過的「貧民區」。她不免有一分緊張，停在一個十字路口時，拉上了窗子。耿天遲竟也意識到了她那分緊張，促狹地說：「妳恐怕還是第一次進入美國的『非高級住宅區』吧！」

李莉給他說中了心事，有點不好意思，只訕訕地說：「蔡老闆說這個區域黑人多。總要小心些。」

「怎麼才來美國沒多久，已經學會看不起黑人啦？」耿天遲很快的回嘴。

李莉看了耿天遲一眼。這個人真是奇怪，沒事會去爲黑人打抱不平。

到耿天遲住的公寓時，已過午夜了，公寓附近還是人聲喧嘩，有些窗戶中還傳出震天的音樂聲。李莉居住的社區，七點過後，簡直就聽不到一點聲音了。然而這個喧鬧且充滿酸腐氣味的世界，竟讓她有一股莫名的親切與溫暖。她模糊地在心中找這似曾相識的感覺，難道這會是她一意想逃離的故鄉的氣味與聲音？

「嘿！要不要上來坐坐？」耿天遲手扶著車門問她。

她本能地拒絕了，卻又有幾分後悔。耿天遲把臉湊了進來，又說：「我泡臺灣的凍頂烏龍茶招待妳，怎麼樣？凍頂烏龍，聽過沒有？是極品！」

李莉熄了火，跨步下車。凍頂烏龍，她當然聽過。小耿忘了蔡向東也是臺灣來的。

耿天遲打開房門朝裏一望，慘叫一聲，誇張地把門闔上，衝著她就說：

「先準備好，單身漢的房間，像颱風過境。」

他的房間實在不能算亂，只是門一開後，李莉被那滿坑滿穀的書給震嚇住了。小耿的房間除了兩壁的書架之外，幾乎什麽家俱也沒有，只有一張小小的茶几，上面放了一台打字機。小耿進了房間之後，緊張地收這撿那，同時說著：

「坐啊！雖便坐啊！」

李莉環視室內，卻找不到一張可以坐下的椅子。半天，小耿才恍然大悟：

「還請妳坐，連個椅子也沒有。」

他從臥室裏搬出了兩個大椅墊。給了李莉一個，自己坐在另一個的上面。

她開始問他什麽時候搬來的，怎麽找到這個公寓的……，瑣瑣碎碎都不是她想講的話。兩個人都莫明的緊張著。等到那壺凍頂烏龍茶泡好之後，他們才漸漸鬆弛下來，不再急著用無謂的言辭去塡塞兩人都害怕的沈寂。

「說說妳自己，怎麽會和蔡尙東結婚的？」耿天遲靠在牆角，慢幽幽地問她。

「你會沒有聽說？」

「我去餐館就是打工。不愛去聽那些閒言閒語。」

「你沒聽說我是蔡老闆『買』來的？」李莉半開玩笑地說。

耿天遲沒有笑，喝了一口茶，兩眼直直地望向李莉，鄭重地說：

「我不要『聽說』，我要妳自己說。」

李莉避開他的眼光，心中害怕起來。這有點調情味道的對答，因爲方向的不甚明確，而更增加了它的危險性。她十分不舒服地坐在那尊大大的椅墊上，開始痛恨自己穿的這一身旗袍。那水紅的絲質旗袍，放在這個印地安圖紋的大椅墊上，簡直是蠢得可恥。

她不安地挪動著身軀，有點心虛地輕笑著說：

「也沒什麼好說。他來大陸觀光，正好看到我們劇團的演出。就這樣認識！」

耿天遲靜默了幾秒，又說：

「怎麼會呢？你們年齡差那麼多，又那麼⋯那麼不相配。」

李莉被問到痛處，有點羞怒。卻又不捨得完全放棄他語調中可能有的一丁點的惺惜之意。她選擇了一條自棄之路，但在輕賤自己的同時，也是想燃起他在暗處發光的同情的火種。

「爲什麼？他有錢啊！我爸媽一聽說他在美國有幾間餐館，連椅子都坐不住了。年齡大有什麼關係，年齡大死得快，死了就都是我的了。」

她說得兇殘，又帶一點淒涼。彷佛她已然成爲了那個認命的寡婦。諸般無奈，都爲了成全和自己無關的別人的期盼。

耿天遲眼中有一絲詫異的表情。他翻了一個身，把下巴枕在椅墊上，竟然慢條斯裏地說：

「妳這不是在利用人嗎？在康德的理論系統中，這是最大的不道德。」

小耿顯然漏接了她那自棄手勢之後的哀怨情緒。她想自塑的那個委屈待援的角色，就只能藏在自己惡狠狠的辭句中，而無法現身了。她憤然地站起身來，失望與受傷的情緒和憤怒混在一起。更痛恨他的咬文嚼字。他當然知道她並不知道康德是誰，故意講出來好笑她的學識低淺。還有那個「不道德」的指控，完全抹殺了先時他們對話中存有的那一點浪漫的可能。她跺了一下腳，憤憤地說：

「不道德！你去大陸過過日子，再告訴我這道不道德！」

耿天遲這才發現彼此的對話竟然轉到了這樣一個像是鬥爭大會的方向，快快站起身來，陪著小心：

「對不起！對不起！我這個人真不會說話，我不是這個意思……。」

他辯解了半天，她也不明白自己爲什麼還不拂袖而去。

他趕緊轉移話題，談著他自己，她也漸漸安靜下來。他談到他自己的家人，接著又神采飛揚地談他爲什麼一心想學歷史。李莉不是蓄意要掃他的興，努力掩藏了半天，仍不免把興味索然全寫在了臉上。他也意識到了，忽然攻擊性十足地說：

「妳以爲歷史是什麼？妳以爲歷史是可以像你們那個寶貝餐館，虛假的用塑膠、金漆、木板堆砌起來嗎？」

李莉竟像挨了罵似的低下頭來。半晌，又不服氣地說：

「不用木頭做，難道還真用金子雕一對麒麟放在門口啊？又不是真的宮殿。」

「這就是了！既然不是宮殿，又何必假裝是個宮殿呢？」耿天遲快速地接口。

李莉一下答不上來，也只能自辯地說：

「郵購書上有的也就都是這一類的東西嘛！」

耿天遲大笑起來：

「歷史可以郵購。有意思，真有意思！」

李莉聽出他笑聲中的諷刺味道，但也不真正瞭解他的意思。他臨了還咬牙切齒地吐出了一個像英文又像德文的字，她也不懂。話題越扯越遠，更加索然無味了。

李莉瞪著天花板上那只盤旋的金龍，突然想起耿天遲那晚說過的話。那遊龍的閃閃金光竟然黯淡下來，虛幻的金漆後面不過是塊粗糙的塑膠板罷了！而她這個身著仿古服飾的人呢？又是活在那一個朝代？

魏敏推她一把：

「老闆娘！妳的老相好來了。」

李莉因為正想著耿天遲，臉上竟然一紅。半晌才意會過來，魏敏說的是那個猶太老頭。果然，李莉不一會就見到那個張開雙臂，滿頭銀髮的巨大身軀，向她移動過來。

今晚，她是毫無應付這個鬼老頭子的心情。得罪了又怎麼樣，不再來就拉倒！沒想到猶太老頭卻對她這半笑不笑的長臉更是傾心。以為是鍾情的東方女子故意擺出的矜持。

過了九點半還看不到小耿的影子，李莉等得急了，踹了一腳那個紮紅花的銀包裹，心中空盪起來。

今天是小耿的生日。她在整理員工資料時，特意記下的。那個銀包裏正是她爲他準備的一個驚喜。

那晚他們幾乎聊到清晨，雖都是各唱各的調子，然而在回家的路上，李莉坐在窗口不斷送入的冷風中，卻掛了一臉的笑，抱持著一心的溫暖。她也釐不清那股溫暖的源頭。但那一室的茶味書香，似乎在她日以繼夜的餐館生涯中，刻畫出了一個模糊的可能性。她到家時，蔡尙東仍然未歸，她卻一點也不在意了。彷佛她突然之間已走出了蔡尙東爲她築起的世界。城南那個充滿氣味與聲音的危險地帶，是鼓跳在她心中的一個秘密。那個秘密也使她超越了蔡尙東，超越了他那由餐館的油煙味與牌桌上的洗牌聲所交織成的存在。

然而那夜她心中滋滋生長的興奮，卻像掉在宣紙上的一滴墨汁，也只有接觸時的那一抹濃黑。後來，黑色就越益淡去，終至消失。她並不是沒有心去攫住那片黑影，但她也只能被動地等待，等待那些模糊的可能，或許可以一一兌現。

耿天遲再出現在餐館時，又是那副玩世不恭的油滑。李莉再怎麼追逐，也捕捉不到他正視的目光。她漸覺那晚只是一個夢境，是她編來點綴自己百無聊賴的生活的。她要這樣說服自己，好撿回一點自尊。但她有時仍忍不住地在員工中四處打探任何有關小耿的消息。不知是枉然地想延續那分稍現即逝的默契，還是在企圖解釋小耿「翻雲覆雨」的行徑。然而這些「無心」的打探，卻也爲她這本就不太受歡迎的人物，在餐館的員工之間，留下了不少的笑柄。

十點半，客人已經散的差不多精光的時候，櫃檯上的電話突然大叫起來。李莉在驚嚇之餘，讓它響了幾下，才拾起話筒，咬著一口生硬的英文說：

「漢宮酒樓，可以效勞嗎？」

「可以效勞！可以效勞！」電話中傳出了一陣頑皮的笑聲，是耿天遲的聲音。

「老闆娘，對不起。給一個朋友拖了來吃飯，忘了今天是打工的日子……。」

李莉望著天頂上的飛龍，以及杵在室內的四根朱紅的柱子，竟有一陣昏眩。

電話那頭沈靜了片刻，比較正經的聲音傳來：

「老闆娘，妳不會炒我魷魚吧？真是對不起，今天是我生日，我自已都忘了。還是這個朋友拖我出來給我做生日，一樂起來就忘了。」

她聽到電話那一頭轟轟鬧鬧的搖滾樂隊，正奏得起勁，彷佛要越過電話線一股腦地撲進她這一室的冷清裏。她感到一股淒涼爬上了她的鼻尖。半天，她才能鎮靜地說：

「小耿，下不爲例，好嗎？」

她的結語仍然忍不住地溫柔起來。掛了電話，她才想起，竟忘了祝他生日快樂。

打烊後，她仍不見蔡尙東的影子。一個人坐在空盪的餐室之中，她突然生出一股無形的恐懼，屋頂上的遊龍，壁畫上的宮女，傾刻間都幻化成了一張張沒有五官的顏面，在一室空洞的燈火中舞動。她匆匆鎖了門，沖到外廳。打開紅門，停車場上空無一車，水銀燈青青紫紫地落了一地。那個包裹上的紅花，探出了手提袋，在水銀燈下，轉成了紫褐的顏色。

八十號及二八〇號公路上的車子，已漸稀疏起來。關掉了霓虹燈的「漢宮酒樓」四個大字，頓時失了血色。而那兩頭木製金漆的麒麟，在已暗的天色中，卻彷彿是被棄置在街角的兩墩陳舊的玩偶。

痧

（一）

那是年內下的第一場大雪，來勢凶凶，一夜之間積蓄了一呎。

清晨，葉練打開周薇薇家的大門，只覺迎面一片光影瀲灩，已無雪飄的空氣異常清洌，在陽光無遺的照耀之下，坦蕩透明，反射在才從黯淡屋宇內踏出的葉練眼裏，爽麗卻已有份不似人間。

他大步踏入門外的晶瑩白雪，在雪地上留下了一線碩大的腳印。停在街邊的小車，透透徹徹地埋入了雪裏，在平坦的雪地中高高壟起，像是一個澆滿了奶油的車型蛋糕，在這孤寂的晨光中突兀歡慶著。

葉練舉起雪刷，一揮手就揮去了車頂上的積雪。藍色的車頂在陽光下反射出一片寶石似的藍光，全然不是這輛老車平日的色澤。在初雪掩蓋的世界中，事事都神妙起來。

當他正努力地清車時，周薇薇半跳半跑地從屋裏出來，只趿拉著拖鞋的雙足，在又冷又滑的雪地上，踩不住任何穩當的步伐。葉練假裝沒有看見她，十分專注地繼續清車。直到她一把從後面將他環抱住，他也只皺了皺眉頭，說：

「快進去吧！看妳就只穿了一件睡袍。」

他繼續清車，由眼角望見她慢慢移進屋中的失望的身影，刻意甩了甩頭，拉開車門，發動了引擎。從已清出的車窗內，他看見二樓窗口的窗簾被悄悄地掀起，她靜靜的目光向他射來。在座椅間，他慌亂起來。

（二）

昨晚，他們又一再重復地討論著他們之間關係的道德性。激情之後，罪惡升起，幾乎是生理性的，如他不可自控的情欲。

「也許……我們不該再見面了。」他說。因爲久用，這句話聽來越發顯得薄弱了。她沒有立刻回答，停了數秒，才用慣常的穩操勝算的口氣說：「隨你！」

他立即覺得了自己的弱勢。倒底他們每次的「幽會」主動都在他，迫不及待地開三十哩路程，飛趕到她門前的也是他。但是，周薇薇丈夫出城的消息，卻都來自她的透露。她不著痕迹地誘惑著他，深知他所無法抗拒她一人獨居的影像。而他，也就每一次如她所預測的，立即放下手中的一切事情，甚至蹺上幾天的課，快馬加鞭地來與她會合。

然後，像一個反高潮的結局，他們一再重複地上演著這段「他們不該再見面」的卑微的「後戲」，規律卻無力。

他無力地沈坐在駕駛座中，這毫無止息的枉然令他覺得疲憊。向周薇薇的丈夫攤牌，只能是他沈溺在無望的深淵中時拿出來把玩的奇異幻想，在現實中卻只有「見光死」。如果周薇薇真的離開她的丈夫，他又能給她什麼？他計較的並不全是物質上的考慮，他懷疑自己是否能再給她任何愛情上的承諾。倒底她曾那樣地背叛過他，在他困頓地數著軍役中艱難的饅頭，而夢想有一日與她再曾合的低谷中，隔洋拋給他那致命的她和洋教授結婚的消息。那深沈的傷害，他想，是永無治癒的可能的。

如果他不可能再真正愛她，那麼繼續見面又代表什麼呢？難道她已降格到是他在異鄉的寂寞裏用以洩欲的工具，或只是一軀人人在寒冷中都渴望擁抱的身體？每想到此，葉練就不自禁地面紅耳赤起來。也許就是因爲他無法接受自己如此貶低了他們曾有的過去，在他與周薇薇歡愛的過程中，在他低低地呢喃著他對她的愛時，他也只是奮力地想抓住一點什麼，好停止他如自由落體般下墜的沈淪。

也正如過去每一個歡愛過後的清晨一樣，他坐在冰雪包攏著的車內，透徹地厭惡著自己，也厭惡著那藏在二樓窗後的身影。

（三）

他花了將近一個小時的時間，才把車開上了一個像樣一點的公路。這場突降的大雪，使一向對冰雪習以爲常的小城也措手不及地癱瘓了。

在雪地的滑行中，他又開始咀咒這個城市。他的唯一救贖，就是快快離開這個鬼地方。連他和周薇薇之間的糾纏關係，也只有靠他快速的離去來解決了。

系裏的教授估計他的碩士論文至少要半年的時間，問題是他連題目都還絲毫沒有頭緒。他對「社會工作」這行根本是個生手，前一年才念完了補修的課程。掉在這個小城，完全是經濟上的考慮。伊大不僅免了他的學費，還有每個月三百塊錢的助理津貼。

而極端諷刺的是，他這份優厚的待遇，還是周薇薇一手幫他申請到的。他們是那時代典型的故事——同年同系畢業，她先出來，幫他打聽鋪路。一向精明幹練的她，立刻調查到了「社會工作」這個系獎學金容易申請，因爲沒有太多美國人要念。他在服役的假期中，也合作地考齊了託福、GRE，積極地營造著兩個人在一起的未來。

然而也就在一切就緒，他準備一退役就來美的昂揚情緒中，周薇薇結婚的消息傳來。她信中不外是她對不起他的那一套。而他唯一能做的，也只是十分戲劇性地撕毀了伊大寄給他的入學許可。

而後又在一年找事四處碰壁的挫折下，決定了前來這個小城。他不是沒有經過一番掙扎。再度回頭面對伊大的羞辱他還能夠化解。是將會再見周薇薇的可能，讓他充滿焦慮。

然而，他們重逢的尷尬與膠著，卻被周薇薇在接機時一個熱情的擁抱所化解，周薇薇根本沒有讓他有機會咕噥「彼此可以重新成爲朋友」那套毫不實際的囈語。在她並不快樂的婚姻生活裏，她早爲他安排了成爲她情夫的角色。他沒有反抗，因爲他根本沒有自己的立場。

(四)

回到助教辦公室時，已近中午。整個大樓還是靜悄悄的，因爲大雪，有些課都取消了。葉綀在桌角發現一張便條，上面寫著：「綀，速來見我，有『好消息』相告。費爾。」費爾詹姆斯是葉綀的指導教授。葉綀看著那括在引號中的「好消息」幾個字，卻不禁歪嘴冷笑了。詹姆斯那個挑剔、抱怨、刻薄的吸血鬼，會有什麼好消息？

他繞過系辦公室，來到詹姆斯辦公室的門前。裏面一點動靜也沒有。他剛想走開，卻聽到了一聲女子的輕笑。詹姆斯是伊大中出名的色鬼，他以已婚的身份，卻和不少女學生、女秘書沾惹不清。葉綀剛來時，他總愛在他面前曖昧地問起周薇薇。

「你那個女朋友珍妮佛最近好嗎？」詹姆斯第一次見面時就這樣問他。珍妮佛是周薇薇的洋名。

在尷尬中，葉綀只有聲嚴色厲地說：「她可不是我的女朋友，好朋友而已。對了，你難道不知道她已經和物理系的史佛斯教授結婚了？」

「什麼?理查史佛斯那個老傢伙?真有他的!」詹姆斯不甚豔羨地說。然後,他放輕聲調,不懷好意地說:「老實說,珍妮佛是我見過最性感的中國女人。你知道,一般中國女人都太正經八百了。」

葉練後來常無法自抑地想著周薇薇和詹姆斯在一起打情罵俏的場面。也許他的獎學金還是幾場調情下來的成果。

門內又傳來一聲女子的輕笑。

葉練突然決定要不適時地闖入詹教授的辦公室,也許類似醜聞那樣的把柄抓在他手中,也不是一件壞事。詹教授掌握了他的論文與學位,也許他可以掌握他的名聲。倒底他是持有一張詹教授召喚他的便條!

他在門上重重地敲了幾下,門內立刻傳來了一片唏嗦之聲,詹教授繃緊的聲音高亢地說:「請等一下。」門內有更多唏嗦慌亂的聲音。

詹教授打開門時,葉練帶著微笑,恭敬地和滿臉通紅的詹姆斯寒喧。從門開的縫隙中,他瞥見一個女子的背影,端端正正地坐在面對詹教授辦公桌的椅子中。

詹教授微怒地問他有何貴幹。他晃了一晃那張便條。詹姆斯卻憤憤地說:「昨天,昨天你跑去那裏?我到處找你都找不到。」

這下輪到葉練虛心了,他支支唔唔了一會,指指門內,謙卑地問:「要不要我等一下再來?」

回到助教辦公室，葉練並沒有抓到詹教授小辮子的快意。他只清晰地記著詹教授那張微佈著汗珠的紅臉——一張偷情後而充滿罪疚的臉孔。從他極端厭惡的詹教授的臉上，他極不情願地想到了自己。

（五）

詹姆斯所說的「好消息」，原來是伊大所在的艾城發生了一件亞裔家庭虐待兒童案。「社工人員看到這個小孩時，他的頸子上全是瘀血。」詹教授戲劇地擡高了頭，用手指在頸項上畫了一個圈圈。當葉練平靜地問他這爲什麼是「好消息」時，詹姆斯又露出了他那慣有的詭異的微笑：

「對你當然是好消息。你知道艾城根本沒有什麼中國人，兒童福利局需要一個翻譯來處理這個案件，你是最佳人選。如果你能把這個案件的處理過程整理出來，再加上一些亞裔家庭暴力案件的統計數位，不就是一篇現成的碩士論文？你不是一直急著要畢業嗎？這不是好消息是什麼？當然，對那個被虐待的小男孩和虐待他的父母而言，這的確不是什麼好消息！」詹姆斯乾笑了幾聲，對自己的幽默有幾分得意。

葉練面對著因興奮而有點手舞足蹈的詹姆斯，心中一片空白，他並沒有詹教授所期盼的興奮。他陰晦地想著，周薇薇如何出賣了她異國情調的性魅力，爲他掙來了這份獎學金，如今他卻要靠出賣中國家庭暴力的醜聞來拿取學位。他望著對面這個惡劣的美國人，有一股不可言喻的憤怒。詹教授安靜下來之後，也感覺到了葉綀奇異的沈默，他訝異地問：

「你難道對這個案件沒有興趣？」

葉綀望向窗外，幾枝帶著冰雪的枝枒橫在窗前。他想到了在冰天雪地中跋涉的淒冷，也想到了小城中啃嚙人心的寂寞，還有他與周薇薇之間永遠剪不斷的糾纏……

「我當然有興趣。」他淡淡地說。

（六）

詹教授給他的檔案中有一張拍立得照出的彩色照片，顯現著一個男孩頸間紫褐色的瘀傷。葉綀只瞧了那張照片一眼，就喪氣地把整個檔案丟在桌上。什麼虐待案，那明明是刮痧留下的痕迹！他聽說類似的情形也曾發生在別州的中國家庭裏。看來他的碩士論文也泡湯了。不過在起初的失望漸漸淡化之後，葉綀其實有一陣舒解的快意。也許他原先就不是十分情願在詹姆斯教授的監督下，去挖掘中國人的家醜的。

他打算次日就去詹教授那兒解釋一切。這個案件也就自然會被撤消。報案的老師其實也是爲了自保，若是真有虐待情況存在，她知情不報也是逃不了疏忽之責的。

他無意識地再翻閱起那份檔案。「被虐待」的男孩名叫吉米陳，十一歲，父母在艾城城郊經營一家名叫「中國園」的餐館。在檔案的報案記錄中，吉米的老師說他是一個成績很好，但卻不十分合群的孩子，他的父母從未參予過任何學校的活動。吉米的老師質問他有關頸間的瘀血時，他只沈默不語，似乎充滿了恐懼。他的老師說，這是被虐待兒童在這種情況下最典型的表現。

葉綀讀到此，不免驚訝於這位老師無中生有的本事。吉米的沈默多數是和他語言的障礙有關吧！

葉綀從不知道小鎮上還有這樣一間中國餐館，他一直以爲除了他和三、四位元臺灣來念電腦的留學生之外，艾城就沒有其他的中國人了。根據檔案的記錄，吉米的父母是去年秋天才從臺灣移民來美的。

葉綀又再拿起那張拍立得的照片。照片中的男孩戴了一副極大的眼鏡，幾乎佔據了他臉孔的一半。拍照時他必定是死命地盯住著鏡頭，使他鏡片後的雙眼突出於他瘦小的臉孔之上。而的確如他老師所說的，他的眼中充滿了恐懼。

（七）

「中國園」的店面很小，擠在一排破舊漆黑的商店之內。這個區域因爲離校區很遠，葉綀從沒有來過。

他進門時一眼就看到了在一張餐桌上做功課的吉米陳，他的那副巨大的眼鏡，在他微低的臉上，早已滑到了鼻間。吉米看見他時，立刻跳了起來，在櫃檯上抓了一份功能表，流利地用英文問他：

「就你自己一個人？」

他用中文回答：

「嗳！就我自己一個人。」

吉米的臉一下子綻開了一朵很大的笑容，連他那雙碩大的眼睛，也因瞇笑而柔和起來。

「你是中國人啊？」吉米高興地說。

「我是臺灣來的，在大學裏念書。」葉綀答著，找了一張靠裏間的桌子坐下。吉米馬上也在旁邊的椅子上坐下來了。葉綀被他表現的熱情，弄得有點尷尬了，搭訕地說：「你叫什麼名字？」

「吉米！」他大聲地回答。

「中文名字呢？你總有中文名字吧？」

「陳健明，健康的健，光明的明。」他朗頌似地回答，接著又說：

「我們也是臺灣來的，我從前讀仁愛小學，你知不知道仁愛小學？」

葉綀搖搖頭說：

「我不住在臺北，對臺北不熟。」

對話一下子中斷了，但是陳健明仍然坐在那張椅子上不走，彷彿他是來聊天而不是來吃飯的。他拿起那份功能表，上面全是給美國人吃的菜色。他抖了抖功能表，問道：

「有沒有別的什麼好吃的？」

陳健明有如大夢初醒，站起身來，衝向了後面的廚房。不久，他就拖出了他的父母。

陳先生身材高大，加上一條白圍裙，簡直就是個標準的廚師模樣。陳太太則矮小萎縮，像個乾癟的老太太，葉練記得檔案裏說她其實只有四十出頭。他們客套了一番之後，陳先生就要去後面爲他煮家鄉口味的牛肉麵。葉練注意到陳健明完全是母親的長像，十一歲卻只有七、八歲的身材，父親的英挺他一點也沒有得到。

葉練在陳健明近距離的密切監視下，吃完了那碗可口的牛肉麵。餐館中仍不見有什麼其他的客人。

「你喜不喜歡美國？」葉練眼見擺脫不了陳健明，決定和他閒聊起來。

陳健明安靜了片刻，像是陷入了極深的沈思。

良久，他擡起頭來，眼鏡又滑下了鼻尖，他推了眼鏡，說：

「很難說。」他輕笑了一下，接著說：「美國的學校比較輕鬆，都沒有功課。但是我來美國之後，好象一下子就沒有朋友了。」

葉練聽著心中莫名地抽痛了一下。他想到了自己的寂寞：週末守住一個空蕩的閱覽室，不是爲了有功課要趕，而是因爲無處可去。對面這個小男孩所說的，難道是同一種的寂寞嗎？

「你至少有父母在身邊。而且，你習慣了美國生活之後，總會有朋友的。」葉綀不忍地安慰著陳健明。

陳健明撇撇嘴，放低聲說：

「別提父母了！問題都在他們身上。在臺灣時，我爸媽都不太管我，他們忙他們的，我玩我的。一來美國反而不一樣了。一天到晚要我用功讀書，又說他們大老遠跑來美國，就是爲我念書的問題。美國同學約我去他們家玩，他們也不許我去。說美國人的家庭亂七八糟，我會學壞。我們一天到晚弄這個餐館，我也不能請同學來我家玩。而且，他們的英文又那麼破，多丟人啊！」陳健明說著眼圈都紅了。

他同情陳健明，但也覺得有義務扮演一下兄長的角色，替他的父母辯護：

「父母總是爲子女好，他們如果不愛你，也用不著做這許多。而且，他們要你把書念好，也是對的。」葉綀的聲音中其實並沒有太多自信，自然也沒有太大的說服力了。

「葉叔叔，你講話怎麼和我爸媽一模一樣。」原先叫他葉大哥的陳健明，突然改口叫他葉叔叔了。葉綀不知怎麼，突然心虛地臉紅起來。

「其實，在美國功課好不見得是件好事。同學都取笑我，叫我書蟲、書呆子，我的分數越好，越沒人要和我做朋友。葉叔叔，你知道功課太好是不夠『酷』的。」陳健明接著說。

葉綀笑了起來。這次他沒有再嘗試他「葉叔叔」的角色了，只是坐在兒靜靜地聽。陳健明講得興奮，突然把椅子拉近了葉綀，頭湊過來，聲音極輕地說：

「我告訴你一個秘密，你不能告訴任何人。我爸媽來美國才不是爲我呢！我爸在財政部撈了一大筆，怕東窗事發，所以申請提早退休，逃來美國。」陳健明說完，得意地往椅背上一倒。

葉綀不可置信地看著陳健明，不是自己不能相信那英挺的陳先生會是一個貪官汙吏，而是小小年紀的陳健明對自己父母的巨大敵意。他只不過是今天才謀面的陌生人啊！他竟然願意在生人面前抖落出這麼許多「不足爲外人道」的難堪。原先對陳健明所有的沈默寡言的形象，頃刻之間完全化解。葉綀在震驚中有一刻的恍惚，他彷彿面對了一個劃分敵友的決定。他是否應該把陳健明的話照單全收，而對爲他煮牛肉麵的陳先生同仇敵愾起來？在這微弱的掙扎中，葉綀竟不明所以地問道：

「你的父母有沒有打過你？」

陳健明點點頭，輕聲說：

「常打呢！」

「爸爸打還是媽媽打？」

「多數是爸爸打，他用皮帶抽我。有一次我弄錯了賬，少收一個客人三塊錢，他還把我踩在地上，用炒菜的大鍋鏟打我。我媽只會在旁邊哭，不敢說話，怕我爸也打她。」

「你爸還打你媽?」

「有幾次。」

兩個人都靜下來,大口吸著氣,像聽完了一個恐怖的鬼故事。良久,陳健明略帶哽咽地說:

「有時我真想逃家,或者跑回臺灣去。你知道,我常在想,也許會有一個美國家庭肯收養我,如果那樣,不就一切都好了?」

陳健明略帶哽咽的聲音迴旋在空盪的餐館裏面。很久,很久,還在葉練的耳邊做響。

(八)

回到住所時,已過十點。葉練盥洗完畢準備就寢時,電話響了。

「你還在生我的氣?」周薇薇充滿了委屈的聲音傳來。

葉練有一時的不忍,幾乎動情地說:

「薇薇,我不生妳的氣,我生我自己的氣,生整個情況的氣。」

「我不會給你任何壓力,你如果不想見我,我完全瞭解,我也接受。」周薇薇很勇敢也很理智地說。但她才平靜的聲音,一下又呢噥起來:「練,我真恨自己,如果當初我能堅定一些,我們現在不是可以很快樂的在一起了。」

葉練的不忍轉爲不快。他最痛恨這種無用的追悔，而且他也不盡完全同意周薇薇所說的他們可以快樂的生活在一起的假設。他們整個分手又再重逢的過程，使他見識到了周薇薇在大學時從未表露的一些面貌，而那些新的面貌，對他而言，也不全是可喜的。此刻，他幾乎有點慶幸周薇薇已是別人的妻子。

「說這些有什麼用呢？」他極其不耐煩地說。

「葉練，我知道我們沒有辦法再回到從前，但你應該知道我真正愛過的只有你一個人。」周薇薇的聲音已然哽咽起來。

葉練很想對周薇薇大叫：我們早已沒有資格談什麼真正的愛情了！他忍住，只淡淡地說：

「我覺得爲妳好，我們是不該再見面了。不管怎麼說，我們這個樣子對理查是很不公平的。」

電話那頭傳來了一聲冷笑：

「你是明眼人，應該看得出我和理查的婚姻是怎麼一回事。他三天兩頭的出城開會，誰知道，也許也有別的女人了。」

葉練對那個「也」字十分敏感。周薇薇難道認爲理查有了別的女人，他們之間的事就理所當然而不犯什麼罪過了？他實在不想繼續這種無望又無聊的對話。他刻意地轉了話題：

「我今天去了一家中國餐館，吃了一大碗家常牛肉麵。」

「你去了老陳的『中國園』？」周薇薇不太搭調地回答。

「妳認識他們？」葉練驚訝地問。

「間接關係，一個遠親朋友的表哥之類的。」

葉練於是轉述了他和陳健明的對話，但他保留了兒童福利局裏的案子，似乎那會透露了他離開小城的可能。他不願再爲他和周薇薇之間緊張的關係帶來任何新的刺激。

「陳健明那個小鬼是個說謊專家，你少相信他的那一套。我知道老陳有時可能嚴厲一點，但老一輩的不都是這個樣子？打兩下也算不得什麼，我們不也是那樣子長大的？你知道那個人小鬼大的陳健明不光是會說謊，還偷東西呢！電機糸的黃越有一次去老陳那兒打工，那小鬼偷他的小費，給他抓個正著。要不是他媽求情，那次早給老陳打死了。」

「所以他老爸是常打他囉！」葉練狀似得意地說，其實他一心想掩飾的是自己心中說不出的驚訝以及受騙後的尷尬。

「這種時候不打，那簡直是養子不教了！怎麼？念了幾天的社會工作，你也像美國人一樣動不動就要扯上『虐待』這一類的罪名。」周薇薇憤憤地說。

葉練因爲一心想遮掩兒童局裏的案子，所以不想再在這個上面扯下去。他沈默不語。就在他片刻的沈默中，周薇薇極其嬌媚的聲音突然傳來：

「練，理查下個月又要去東岸一個星期，你想……」

他從自己的沈思中，快速醒轉，對於周薇薇剛布下的誘惑之網，因爲知道自己最後終將陷落，而有無限的恨意。他極端厭惡地說：

「妳把陳健明的父母說得那麼好！但是他們大概根本不知道他有多麼寂寞。他們所知道的只是要他好好念書，光宗耀祖，爲的是陳健明，還是他們自己？這就是所謂的愛嗎？老天！如果這就是愛，所有罪惡大概都可以用愛的名目遮掩了……」

他說的慷慨激昂，後來實在分不清楚他是在說陳健明，還是在說他自己。

（九）

「刮痧？」詹教授一頭霧水地望著葉練：「那是什麼玩意兒？」

「那是一種醫療方法。『痧』是一種疾病，刮痧就是想把『痧』這個東西從身體中放散出來，使人覺覺得清爽舒服。」葉練奮力地解釋。

「再告訴我一遍，這個『痧』到底是個什麼樣的疾病。」詹教授一字一字地吐出，像是陷入了極大不解的困境之中。

「這個玩意我們有時也叫它『火氣』。」

「『火氣』？你是說像『熱情』、『欲望』這類的東西？」詹教授眨眨眼睛，故意開著玩笑。

葉綀莫名地紅了臉，結巴起來：

「當…當然不是！是一種……啊，一種……嗯，火氣！老天，怎麼說嘛！你們西方好象沒有什麼相當的概念。」

詹教授看他著急的德性，反而笑開了：

「好了！好了！先不管什麼是……嗯……『痧』，也許和這個案子並不相關。讓我問你，所謂的刮痧會不會引起身體上的疼痛或損傷？」

「痛是有一點痛，還會有一點瘀血。」葉綀回答。

「讓我再問你，同樣的『痧』那玩意，西方有沒有比較不痛苦的治療方法？」詹教授說。

「嗯！一般症狀像喉嚨痛、頭痛等，當然可以用止痛藥止痛。」葉綀回答。

「如果吉米陳的父母不使用止痛藥，而用刮痧那樣激烈的手法，造成吉米身心上的痛苦，是不是仍然有虐待的嫌疑？」

葉綀簡直不能相信詹教授會做如此牽強的比喻。於是憤憤地說：

「身心的痛苦？詹教授，你未免太誇張了吧！在吉米父母的價值系統中，止痛藥只是止住了表面的症狀，而沒有消除病根。只有用刮痧的方式，才能徹底把病根消除。」

「我所指的心理上的痛苦，是吉米因爲頸間瘀血而在學校引起的注意。同學的嘲笑及誤解，也是一種不必要的損傷。」詹教授說。

「詹教授，我覺得兒童虐待案應該從父母的用心與企圖來看。如果父母的唯一企圖是造成子女的疼痛與傷害，那當然是所謂的虐待。如果父母的企圖與用心是良善的，就算在過程中造成一些無心的傷害，也不應該被指控爲是虐待。」

詹教授沈默了一會兒，然後雙眼緊盯著葉練，緩緩地說：「你以爲人的企圖與用心是那麼容易度量的嗎？你一定聽過某些激烈的宗教派系拒絕就醫的事。他們相信神力可以醫療一切，求助醫生反而是自己信心不足的表現。如果有這樣宗教信仰的父母拒絕子女就醫而造成子女傷亡等不可收拾的後果，這樣的父母是否算是虐待兒童呢？他們當然是以爲自己有著極良善的意圖與用心。而從我們這些沒有那樣信仰的人看來，這樣的父母顧全的其實是自己宗教信心上的完整，而不見得是子女的利益。你如果要從意圖與用心來追索，那裏去找一個客觀與公正的標準呢？」

葉練可以感到這種類比的不妥，但他也不能明確地指出不妥的地方。他不是也認爲陳氏夫婦管教兒子雖然以愛爲名，卻其實是極端自私的？也許如詹教授所說，人的意圖是永遠無法追索與定位的。他有一刻的迷惑，只能微弱地說：

「我見過吉米陳的父母，他們一點也不像是虐待小孩的人。」

詹教授搖搖頭說：

「光憑這句話，我就應該取消你的學位資格。社工人員最大的忌諱，就是以爲有一套所謂的『虐待兒童』的特徵。其實百分之九十被控虐待的成人，平日裏都是如你我般極度正常，且是有禮的人。」

葉綀理虧地閉了口。詹教授又說：

「任何虐待案，我們都不會在沒有徹底調查的情況下駐消。兒童福利局仍需展開必要的調查，他們還是很需要你的協助的。」

葉綀點了點頭，起身告退。他轉身時，詹教授叫住了他：

「綀，這個案子和你的論文有密切的關係，我不懂你怎麼反而一心想看到它被撤消呢？」

「詹教授，我不能因爲我自己的論文，而故意去冤枉別人啊！」

詹教授點了點頭，接著說：

「綀，也許你是來自一個不同的文化背景，對親子之間的關係有不同的看法，撇開技術性的問題不談，我認爲虐待兒童最根本的定義是父母背叛了子女對他們的信任。子女相信父母是會永遠保護他們，使他們免於痛苦與驚怕。父母一旦違背了那樣深切的信任，也就是虐待關係的肇始。」

「信任的背叛」？多麼廣泛的定義！葉綀想著。如此，他們的周圍不是充滿了各樣互虐的關係：周薇薇背叛了他和理查結婚，她又背叛了理查和自己私會，他則背叛了理查和他的妻子有染，他也背叛了周薇薇，因他不再愛她，詹教授背叛了他的妻子和女學生調情，陳健明也背叛了他的父母而向外人抖出他們的家醜……。這其中的荒謬使他突然微笑了起來。

詹教授不解地望著他。葉綀笑著說：

「詹教授，你不是怎麼都搞不懂那個『痧』是什麼玩意嗎？我突然覺得這個『痧』和你所說的『信任的背叛』有點相通。」

葉綀望著詹教授更加迷惑的臉孔，接著說：

「那個『痧』是一種欲望與仇恨所引發的火氣，它的後遺症就是您所說的『信任的背叛』啦！」

他說完之後，突有一股疲憊之感升起，於是淡淡地說：

「我是瞎扯的，你不要在意。」

（十）

葉綀陪著兒童局的強森太太到達「中國園」時，已過了午餐時段。餐館的停車場，空空盪盪，在白日赤裸裸的陽光照耀下，「中國園」更顯得破舊蒼老。

門內一片幽暗，外頭的晃晃白日，只能從高牆的一面小窗中，稀疏滲入。葉綀在幽暗中仍看見坐在房間一角的陳太太，低著頭，彎著背，專注地在包著餛飩。桌上放著面盆大的磁碗，堆著山高地肉餡。旁邊的桌上則放了幾大盤已包妥的餛飩。

陳太太發現他們進門時，整個人像是受到驚嚇似的跳出了椅子。她看清了是葉練，才綻開了笑容。

強森太太透過葉練的翻譯，說明了來意。陳家夫婦並沒有馬上弄清整個情況。葉練面對著他們一臉的疑惑，不知如何自處。

良久，陳先生盯緊了葉練，不十分肯定地問：

「你是說健明告訴老師我們虐待他？」

「不是的，陳先生，是健明的老師看到健明脖子上的瘀血，才向兒童福利局報案的。」

葉練拿出了檔案中的照片，放在陳家夫婦面前。

陳先生皺了皺眉頭，似乎不願意承認拍立得照片中那個模糊卻罪犯也似的臉孔是自己的兒子。一直沈默的陳太太，卻舒了一大口氣，高興地說：

「原來是上次刮痧留下的印子。」她才發言又靦腆地低下頭去，用壓低卻仍興奮的聲音對葉練說：

「原來是個誤會嘛！你和他們講清楚就沒事了，是不是？」

葉練聽著陳太太聲音中對他深切的期望，忽然害怕起來。他幾乎像是自辯地說：

「我早就解釋過了。不過凡是進了兒童局的案子都要經過調查的，也許只例行公事而已。大概不會有事的。」

一旁的強生太太已不耐煩起來，她十分不悅地說：

「練，你可不可以把你們剛才的對話翻譯給我聽啊？」

葉練大致又講了一下刮痧這回事，又說了兒童局必須例行調查的步驟。強生太太點了點頭，對刮痧一節倒也沒有細問，只輕笑了一下，對葉練說：

「你可能低估了這個案子的嚴重性，根據我職業的本能判斷，這個案子成立的可能性是十分大的。」

強生太太接著問了一些聽來十分「家常」的問題：陳家居住的環境，吉米平日的作息時間，吉米在餐館幫忙的情形。陳先生一一回答，聽來也都十分的正常。問答越來越像只是「例行程式」的時候，強生太太突然說：

「吉米告訴老師，陳生生經常體罰他，有沒有這樣的事？」

葉練吃了一驚，這一節他不曾在陳健明的檔案中見過。而那日陳健明對他的「傾訴」，顯然也並不只是他們兩人之間的秘密了。他突然有點被人愚弄的感覺。

而陳先生在聽完問題後，也有著和葉練相似的震驚。但除了震驚之外，他有著更大的憤怒。此刻，陳先生所感受到的「遭人背叛」受傷感覺，是絕對強過於葉練的。他的臉漸漸紅脹起來，聲音中充滿了憤怒：

「那小子胡說！什麼經常打他？他不乖時候我當然要打，我不打，那算做父親？奇怪了，我管小孩是我家的事，要他什麼兒童局來管？」他瞪了強生太太一眼，憤憤地說：「尤其不要這個黑鬼來管！」

強生太太看著葉練，等著翻譯，她當然知道陳先生說了她什麼。葉練省去了「黑鬼」那一段，也沖淡了陳先生的憤怒，他只淡淡地說陳先生認爲體罰是一種可行的管教方式。強生太太聽完，知道葉練的翻譯沖了水，陳先生臉上那些憤怒的表情，完全對不上葉練稀鬆平常的翻譯。她沒有追究下去，只如公事般提出了下一個問題：

「陳先生既然承認體罰吉米，請問他體罰的方式，是打他嗎？用什麼東西打？」

陳先生一聽問題，更加憤怒了，答非所問地咆哮著說：

「他媽的！審犯人啊？什麼東西！一個黑鬼，有什麼資格跑來管老子。他是我兒子，我要打，怎麼樣？天皇老子也管不到。那像他們美國人不管小孩，小孩大了都去吸毒，亂搞男女關係。也要我不管小孩？莫名其妙！」

陳太太憂愁地坐在那兒。葉練皺著眉頭，對咆哮的陳先生充滿了反感。他那自以爲是的自大，以及把小孩像財產一樣據爲己有的態度，讓他想起了自己的父親。但是面對著強生太太等待的眼光時，他決定略去那些齷齪的字眼，不是爲了保護陳先生，而是爲了保護自己民族的自尊，他簡短地說：

「陳先生覺得他有權利決定如何管教自己的小孩。」

強生太太在久久的等待後，不可置信地說：

「就這樣？」

葉練倔強地說：

「就這樣！」

強生太太沈默了片刻，然後吸了一大口氣，說：

「葉練，你的角色是翻譯，而不是調停人，我要你逐字翻譯他說的話，包括他的憤怒及咒罵，這對處理這個案件是很重要的。你知道嗎？」

（十二）

幾個月的來回造訪，兒童保護局在年初對陳家的案子有了決議：陳健明將被放置在所謂的「收養家庭」中，陳氏夫婦將接受心理輔導，一年之後經測試而有明顯改進時，可以爭取重得陳健明的監護權。

他們帶走陳健明的那一天，他沒有跟去。事後聽局裏的人轉述，陳家夫婦情緒極端激動。陳太太又哭又叫，陳先生則繼續他那一套誰也聽不懂的咒罵。他一來不願去面對那樣的局面，再來陳家夫婦對他已有很深的敵意。他們似乎覺得事情發展成這個樣子，葉練也有很大一部份的責任。因爲他們始終覺得整件事情只是一個誤會，爲什麼葉練不能爲他們解釋清楚呢？

兒童局對陳家夫婦所列出的長串罪行，除了傷及身心的體罰之外，還有非法地剝削童工，以及將未有自護能力的兒童一人留在家中等等。然而對陳氏夫婦傷害最深的證據，卻是在強生太太初訪離去的那一天，吉米回家曾被父親痛打致傷的事實。更不幸的是，那天吉米在驚恐中，撥了九一一的緊急電話求救，招來了一群警察人員。

春天快來時，葉練的論文已經完成了一半。而在整理資料的過程中，他卻見識了各種各樣華人家庭中的暴力事件，其中甚至包括了他根本想象不到的性暴力。這個過程不僅只是不悅，而且時時令他覺得痛苦。這些案件所堆砌成的邪惡，早已明白到不可用文化上的誤解來開釋了。

但是對於陳家夫婦，他始終不能做下一個明確的判決。他們的行爲在自己所來的社會中，不正爲大多數人所接受？只是，他越來越懷疑他們以愛爲名的一些行爲後的真正意圖，因爲他痛苦地知覺著他自己向周薇薇呢喃著愛時的曖昧心情。

強生太太代表兒童福利局寫了一封謝函給葉練。詹教授似乎也十分滿意他的成績。他覺得精神昂揚，也許是因爲春天將至。

周薇薇對整個案件的結果，十分憤怒。而和陳氏夫婦一樣，她也認爲葉練有一部分的責任。上一次的對話中，她甚至大聲地咒罵他說：

「你簡直是出賣中國人嘛！和美國人站在一線來迫害守法的華人。你認爲美國人那一套價值觀比我們好，對不對？現在連我們關上門來管教子女都不合法了。當然，你可是最大的贏家，論文、介紹信統統到手了！」

葉練在委屈及憤怒中，也口不擇言地打擊回去：

「妳是最站在中國人這一邊了。所以妳才會拋棄了中國男朋友去嫁洋鬼子！」

葉綀覺得陳氏夫婦和周薇薇對他都太不公平了。到底，他只是一個翻釋，不是一個律師，又怎麽有權力去爭取什麽呢？他曾建議過陳家找一個律師，陳先生認爲那是承認自己有罪的一種作法，他理直氣壯地說：

「我什麽也沒做錯，要律師幹嘛？」

也因爲這樣，葉綀成了他們唯一可以怪罪的人了。

在受指責的委屈中，葉綀想到了陳健明。至少那個小鬼應該是感激他的，雖然他根本沒有幫助他的意思。在整件事情中，陳健明才是最大的贏家，他不是一直想生活在美國人的家庭中嗎？

兒童福利局曾讓葉綀看過他們詢間陳健明的錄影帶。在錄影帶中，陳健明對於「被虐待」的過程敍述地毫無保留。但令人覺得不安的是，他那飛揚的神采，與滔滔不絕的流利，全然不像是一個受害者的角色。如果說葉綀對陳氏夫婦有過同情，大概就是發生在觀看錄影帶的時候。在陳健明繪聲繪影的生動描寫下，陳氏夫婦這一對虐待兒童的惡人，卻反而像是被鬥爭的受害者了。葉綀知道陳健明並不是刻意說謊。他只是不能抵擋這突來的所有人對自己集中注意力的誘惑。他的表現，不過是一個十一歲的小孩在渴望被人注意時，會有的典型反應。

幾個星期後，他在一次採訪實習的途中，卻意外地遇見了陳健明。

他正從對街的校車上下來，背著大書包，沿街專注地行走著。他喊了他的名字，過街和他招呼。陳健明表現出了極大的驚喜，不尋常拉了他的手，像遇見了一位久違的親人。

他們走到街角的一個小公園裏坐下。陳健明仍拉著他的手。

「住在附近？」他輕聲問著。

陳健明點了點頭。他立刻注意到了陳健明不尋常的沈默，而突然覺得難堪起來。他們靜坐了許久。陳健明突然問他：

「你最近有沒有看見我爸和我媽？」

「沒有！他們可一路在生我的氣呢！」葉練帶著輕笑說。

兩個人又沈默下來了。葉練實在不能忍受這樣的沈寂，試圖打破僵局地說：

「你現在可好，不是如願地住進美國人的家裏了？」

突然，葉練感覺到被陳健明握住的那只手微微地震動起來。他低頭時，正看到陳健明劇烈抖動的身體，而他極力想抑制住的抽泣聲，在他們的沈默中，水墨似地漾開著。

葉練坐在初春的微風中，不能自已地抖顫著。他無力地擁著陳健明，感覺著他的淚水，正漸漸地濕了自己的衣袖。

抽泣聲漸漸淡去之後，陳健明看著他，碩大的鏡片上滿是霧氣，鏡框因爲微濕，又滑下了他的鼻樑。

「葉叔叔，我…我好…我好想我爸和我媽。」陳健明在繼起的抽泣中，斷斷續續地對他說。

（十二）

冷戰了幾個月後，周薇薇又有電話來：理查四月初將去東岸開會。她如從前每一次一樣，暗示卻絕不明表著一個邀約。

四月初，葉練的掙扎並不怎麼激烈，他辯解似地告訴自己，這將是他最後一次見周薇薇了；他的論文幾乎就緒，別州學校的申請也有回音，他最早會在初夏就離開此地了。

他趕去見周薇薇的那天，空氣中充滿了花香，春天已濃郁地降臨。樹彷彿一夜之間長回了青綠，被遺忘了的小花，一片片地重現地面。

他和周薇薇的歡情格外熱烈。也許和春天有關，也許和他心中哽咽著的訣別有關。臨去時，他說：「我們不會再見面了。」他雖然極盡地動情，聽來卻像他每次所說的「我們不該再見面」的話一樣，充滿了不決。

回程路上，他竟真正充斥著對周薇薇的不捨之情，在他們兩年幽暗的關係中，這似乎是他感情強度的最高潮。他幾乎有著掉轉車頭回去見她的衝動，卻沒來由地想起他那次和詹教授的對話，他所說的止痛藥和刮痧之間的異同。而他和周薇薇之間的糾纏，是絕對需要那根本且激烈的刮痧治療；那會產生疼痛與瘀傷的手段。

快進小城時，他突然興起了繞道去陳健明住處的念頭。上次他送他回去，知道確切的所在。

那房子位在一條寬大且安靜的街上。在這工作日的午後，整條街上靜悄無人。他把車停在房子的對街，心中不甚明白自己到底要做什麼。難道他想正好撞見陳健明推門走出？

那房子看來卻毫無人影動靜。他曾去過兒童局察看了這個家庭的背景，至少是個中上家庭，不是那種看在政府津貼而做職業收養家庭的例子。

「他們對我很好。」陳健明那天曾對他說：「但是太客氣了。」

但這乾淨高尚的生活難道不就是陳健明一直嚮往的？他有教養的養父是不會把他踩在地上用鍋鏟打他的。而他也可以請一大堆的美國朋友來家裏玩了，誰會笑他父母的英文呢？

然而，此刻陳健明真正快樂嗎？葉綀不禁歎了一口氣。當他再度擡頭看向那所房子時，他看到二樓窗口上的一個瘦小而孤單的人影。

他突然心虛起來，慌亂地發動引擎，頭也不回地把車子快速開走。

在一路耀眼的春色中，他怎麼也甩不掉那巨宅窗上印著的身影。在暖暖的春風中，他反覆地看見陳健明那副碩大的眼鏡，滿佈霧氣地自他的鼻樑緩緩滑落，像電影中追述往事所用的慢鏡頭。

卡拉俱樂部

（一）

卡拉俱樂部成立的時候，唱卡拉的儀器還沒有後來聲色俱齊的壯觀，一切的神秘都只精密地隱藏在一隻長方形的黑箱子內。那個大小形狀與一套手提音響無異的神奇黑箱，充了電啓用時，卻能像做化學實驗似的，把一首稀鬆平常的歌，分析到最小的組成分子。隨著梁雯雯轉動的手指，每一個按扭都依順履行了它們的功能。

梁雯雯緩緩地舉起修長而塗滿蔻丹的右手食指：「Demo one。」黑箱子中傳來一陣喧天的鼓聲，震得人喉頭發緊。鼓聲之後的一聲撕裂金屬的鈸響，引出了一列吼叫的男聲：

「啊！昨夜的瘋狂！啊！昨夜的溫柔……」嘶啞的男聲倏然被切斷，梁雯雯舉起右手的食指與中指：「Demo two。」同樣的一陣喧天鼓聲、鈸響，只是那嘶喊的男音卻消失了。鼓聲、鈸響及悶悶拉拔著的喇叭聲沒有目的似地漫延著。梁雯雯適時地說：「Demo three。」這次她卻在黑箱子上插上了一隻麥克風。她搬弄了幾枚按扭。黑箱子又再一次散佈出那一套鼓聲。只是這次梁雯雯手握麥克風，隨著旋律，扭動起腰肢。在那戲劇性的一聲鏗鏘迸裂時，她把頭往後一甩，波浪起一頭捲曲篷鬆的長髮。「啊！昨夜的瘋狂！啊！昨夜的溫柔……」黑箱傳出的竟是梁雯雯略帶磁性的女低音，配著音樂的起伏，及添加的回音感，一屋子目瞪口呆的人，有幾秒鐘彷佛回到了臺北燈紅酒綠的歌廳。原來這台機器做的並不只是分析化學。

也能把普通的人聲當成一項原料，攪拌混合，而成了新的化學合成品。

梁雯雯在一片掌聲中，竟也四下行禮如儀。屋子另一角的兩個女人，正迅速地交換了一個眼色，似乎是說：「啊喲！蠻像樣子的嘛！」幾個男生立刻圍住了黑箱子，搬來搬去，想把它拆開了，好研究個夠。

「這個效果不是蓋的。」說話的是鄭青：「比一般臺北我聽過的不見得差，多少錢買的？」

他是這個圈子中的新人，剛被公司從臺北調來菲城。由於剛從臺北來，他的一切美國經驗都還要用他的臺北經驗來印證。也由於剛來美國，還沒有養成不問別人東西價格的習慣。

梁雯雯立刻糾正了他：

「鄭青，告訴你多少次不要隨便問人家東西的價格，在美國，這是最不禮貌的了。」

她停了一下，還是忍不住炫耀地說：「才九十九塊，不貴吧？」

梁雯雯在圈子裏出了名會買便宜東西。任何東西她總能比別人少出兩、三成以上的錢。這也是她一向引以爲傲的能力之一。

在各種交談與討論此起彼落之際，只見得吳勝群正忙碌地用英文把現場實況轉播給邁可及羅勃魏聽。邁可是梁雯雯的美籍丈夫。羅勃魏則是在巴西長大的華僑。

剛才交換了眼色的李亞男和黃麗梅，現在坐到一堆去了。只聽得她們唏唏嗦嗦地說著悄悄話，時亦有一陣竊笑。在遠處卻聽見李亞男哼著鼻子說：「自以爲是Diana Ross呢！」邁可及羅勃魏同時望向李亞男，都捕捉到了那個英文名字，也想得到和梁雯雯多少有點關係，卻急得不明究理。吳勝群這次也沒有翻譯了。

梁雯雯七上八下地關妥了黑箱子，返身對屋裏的人宣佈：「菲城的卡拉俱樂部就此成立。各位在座的都是基本會員，我們計劃每周聚會一次。俱樂部的宗旨在藉音樂交流感情。只要能唱歌的人我們都歡迎。今天晚上我們就大致決定一下這一兩個月準備唱的曲子及唱的形式，是以獨唱爲主還是合唱。」李亞男馬上發言了：「我覺得合唱比較好，可以訓練大家的默契嘛！不是說獨樂樂不如衆樂樂嗎？」說到這裏，她突然不太有自信地推了推她的先生王大衛：「我的音發得對不對？兩個字都唸ㄌㄜˋ？還是有一個字該唸ㄩㄝˋ？」

一場破音字討論會於是激烈地展開。話題越扯越遠，「樂」字的各種念法也都出籠。「獨樂樂不如衆樂樂」甚至成了「獨躍躍不如衆躍躍」。然而形容現場每一個人躍躍欲試的模樣，倒也不無恰當。可憐的邁可與羅勃魏一頭霧水，吳勝群這下也不怎麼管用了。

「言歸正傳！言歸正傳！」梁雯雯提高了嗓門：「我個人覺得卡拉比較適合獨唱，我們可以以獨唱為主，偶而加上一點合唱。獨唱可以訓練膽子，我們中國人一向就是太害羞，這也算是一種訓練嘛！你要是敢在這裏獨唱，我保證你明天敢去向老闆要求加薪！」

「但是獨唱恐怕只會滿足了某些人的虛榮心和表演慾。其他人又不是只來做聽衆的。」發言的是李亞男。大家都知道李亞男是衝著梁雯雯說的。她們之間的短兵相接，是中國人聚會上常見的好戲。

梁雯雯立刻不甘示弱地說：「獨唱又不是只有一個人表演，每個人都輪得到。其他人也不必只做聽衆啊，其他人大可以提出批評與建議。我們成立俱樂部的目的不就是在於能互切互磋嗎？」

一直只甘心做翻譯的吳勝群突然發言了：「妳說獨唱可以聽到自己的聲音，這點我不大同意。妳那台機器加了那麼多的料，原音早就變質了。真要聽自己的聲音，要用清唱。只有清唱才聽得出發聲的方法正不正確。」吳勝群學過幾年聲樂，且是中國人圈子裏的「文藝人士」。正如他的名字一樣，他是「勝」過「群」衆，永遠高高在上。至於他怎麼會參加這個如此通俗的卡拉聚唱，要不是實在悶得發慌，就必然是有什麼另外的企圖了。吳勝群另一個衆所皆知的毛病，是一開了腔就不知如何收場。只見他正捧著小腹，誇張地一放一收，示範著丹田發音的秘訣。李亞男看著黃麗梅，用手蓋著大張的嘴巴，做了個打呵欠的手勢。吳勝群那頭卻是越演越烈，眼睛且不斷地瞅著坐在角落的張翠萍。那大概就是為什麼他會屈就來參加卡拉聚唱的理由吧！張翠萍來自香港，在菲城的音樂學院主修鋼琴。

「所以中國人真正能唱歌的，屈指可數！」吳勝群終於爲他長篇的演說做下了最後的結論。房間之內一片沈寂，大家似乎不約而同地在吳勝群的疲勞轟炸下睡去了。躺在邁可懷中的小吉米被這「震耳欲聾的寂靜」驚醒，在一屋令人窒息的靜默中，放聲大哭。

女主人林秀雅適時地出現在客廳門口，宣佈開飯。今天的聚會是由徐偉及林秀雅夫婦做東。這一對夫婦是中國人圈子中出名的「理想夫婦」與「模範家庭」，林秀雅當然是烹飪功夫絕佳，在他們經常自願主辦的中國人的聚會上，像時裝展示會似地展示著她色、香、味通通滿分的菜肴，在大家讚不絕口的唏嗦聲中，徐偉也會精準地摟住太太的腰肢，在她頰上（有時甚至在唇上）來一個響吻，此舉也總是十有十次地惹來其他太太們豔羨的驚呼。徐偉與林秀雅也就樂此不疲地找足觀衆好極力扮演著這「模範夫妻」的角色。

就在人群快要迫近餐桌時，地下室的門忽然被打開了。十幾個兩歲至十二歲年歲不等的兒童，你推我拉地衝到了桌邊，在父母的一片「長幼必須有序」的制止與喝責聲中，爭先恐後地搶著打菜。林秀雅發了三天三夜精心製做的美麗菜品，竟在這片龍捲風中，毀於旦夕。席捲過餐桌的旋風，不久又帶著他們的洋腔洋調沒入了地下室。留下一批歎氣抱怨的父母。

黃麗梅站在邁可的旁邊，於是指指他懷中的小吉米，對邁可說了一句英文。只見邁可一臉疑惑，卻禮貌地帶著笑容，繼續追問黃麗梅說的是什麼。不問還好，只見黃麗梅滿臉通紅，緊張得不知所措。她試了幾遍，依然不得要領，只有急著找她的老公鄭青。鄭青的英文雖比黃麗梅好一些，卻到底只來了美國幾個月，好象也不怎麼靈光。只見三個人比手畫腳，擋住了衆人拿菜的交通。邁可是個直性天真的美國人，也不肯學其他中國人的榜樣，假裝懂了就算了，還要打破沙鍋問到底，惹來了這許多麻煩。而黃麗梅鼓足勇氣想借機練習一下英文的企圖，不僅落空，還成了衆人齊觀的好戲。最後還是梁雯雯來解的圍。搞了半天，原來黃麗梅想說的是：「還是你們好，孩子還抱在手裏。」中文說來真是容易，但想想英文的講法，黃麗梅未免也太好高騖遠了。圍既然解了，拿菜的人群又得以繼續流動。黃麗梅的這場挫敗，卻使她一個晚上都難以釋懷。想著回去還可能會給鄭青搶白一陣，她竟有幾次不可自控地眼淚盈眶。

對張翠萍有企圖的似乎並不只有吳勝群一人。羅勃魏一整個晚上，跟著張翠萍從這張桌子坐到那張桌子。但卻由於語言的隔閡，也只能「愛妳在心口難開」地默默朝著人兒看，比起吳勝群張牙舞爪地大發議論（尤其是有關音樂的），他顯得沈靜多了。

大夥正在努力加餐飯時，門鈴突然響了。林秀雅引進了的是遲到多時的麥芳芷，一進門就大事嚷嚷：「今天運氣真不賴，賣了兩棟。第三棟差一點也簽了。」麥芳芷是菲城中國人中的第一號地產經紀人。中國人的聚會她當然必到，收集她未來的可能客戶，只要進了她的地址簿，三天兩頭就有她的電話來，聳動人賣舊房買新房。

林秀雅忙著招呼她用餐，麥芳芷卻推說早吃過了（大概是另一個中國人的聚會吧！）。她亦如一往，說不能久留，禮貌地問了一下卡拉俱樂部成立的情形。其實除了機器示範之外，好象也沒有任何其他的決定。也許飽餐之後，會出現較有效率的討論吧！

晚餐之後，閒話之餘，也似乎沒有人急於討論「正事」。和許多中國人的聚會一樣，一開了張家長李家短的話匣子之後，就沒有收場的可能了。

小吉米又在邁可懷中睡去，邁可輕搖著他，口中且喃喃唱頌著什麼。在語言的紗帳後面，邁可一眼望去，只見滿屋張牙舞爪的異邦人，他決定退守到他與小吉米的安靜世界中。

吳勝群正慷慨激昂地向張翠萍訴說他是如何痛恨其他人所正暢談的瑣碎話題。他用一貫沈痛的口氣，以及明顯運作而出的男低音加重語氣地說：「真是病態！真是病態！」

徐偉與林秀雅送客時，已近午夜。地下室的孩子已睡倒了幾個，被抱著上了車。大家說好下次在鄭青夫婦家見。一切事宜到那時再細細討論吧！

（二）

李亞男一坐進車裏，就開始大罵：

「要示範也選入流一點的歌嘛！真是低俗。當初她要組這個俱樂部時，我就知道她的存心。還不是想找一批聽眾聽她唱。這個人的愛表現不知要到什麼時候才會收斂！」

坐在駕駛位上的王大衛輕蹙了一下眉頭，沒有答腔。這是個初秋的夜晚，是菲城最美的時節，沒有冬天的酷寒，也沒有夏日的濕熱。由於已是午夜，泠嗦的空氣中，又有著一點晚秋的情調。微拂的風清澈地直入人心。王大衛對太太的咶噪變得十分不耐，後座的史提芬已半入夢鄉。李亞男獨唱得果然很不過癮，看到老公死不搭腔，心中更是有氣。一股子彆扭甘脆轉了方向，衝著老公便吼：

「你怎麼不說話？」

王大衛先前的煩燥，再加上已有的一點倦意，顯然也不打算採取安撫的戰略：

「妳就是一天到晚批評別人，妳不高興，那我們以後不要再參加就好了嘛！」

這當然不是李亞男所要的對話，她並不是要老公為她「解決問題」。她要的是同仇敵愾，要的是老公的一起唱和與加入她痛斥梁雯雯的陣線。

「又不只我一個人覺得她低俗。你沒聽到黃麗梅說的，我這樣講已經算是很含蓄了。哼！我看你大概有點被梁雯雯的搔首弄姿迷惑了吧！」

「妳少神經病！」

「我才不是神經。你以為我沒注意到你看她唱歌的眼神？」李亞男的聲音越來越大，似乎想用聲量來遮掩自己的無中生有。

王大衛對這樣的對話走勢已感到了極端的厭惡，聲音的響度上也不甘屈居下風了：

「我看妳才低俗！」

「你還罵我。你的心事給我說中了，惱羞成怒啊！」

後座的史提芬被這越來越尖銳的爭吵聲驚醒，對著前座大叫：

「Shut up, will you ?」

已在憤怒中戰抖的李亞男被這叫聲一振，轉身一巴掌打在史提芬的臉頰上。

「越來越沒大沒小，對你爸媽講話是這樣講的嗎？你最好快快道歉，不然我要你爸停了車把你丟在路上。」

那一巴掌把史提芬完全打醒了，開始嗚咽起來。

「你還哭！是誰不對？做錯了事還要先聲奪人。我現在不好好教你，將來長大看你變成什麼樣子！」

李亞男似乎決定這是個教育兒子的好機會。像開答錄機一樣開始數落史提芬的種種不是。從昨天早上起床沒有疊被子講起，又扯到去年在後院爬樹從樹上摔下來的事。答錄機轉呀轉的，一時沒有什麼停下來的趨勢。史提芬絕望地看著窗外，把自己重重地甩在車座裏，仍嗚嗚地低泣著。

車子到家時，李亞男正罵到史提芬三歲還尿濕褲子的糗事。車子一進車房，史提芬就奪門而出，摜上車門，衝向屋裏。李亞男追了進去，還嚷嚷著：

「你還沒道歉。你要不道歉，今天別想給我上床。」

王大衛疲倦地伏在方向盤上，他實在不想進屋去，去面對那個歇斯底里的太太。

和李亞男認識那年，大家都才過二十吧！他早已不敢去輕想那些多年前的舊事。他們的戀愛（如果那也可以稱之爲戀愛）一點也不曲折，也就因少了曲折，也並不是太浪漫了。從起初，一切都已被度量地齊齊整整：家世相當，學歷相當，相貌相當，能力也相當。那是個步向結婚禮堂的結合，是宜室宜家的戀愛。從那之後，畢業、結婚、一起去美國，一切都照著時間表進行，那也正是李亞男一向做事的風範。

王大衛已記不清兩人第一次見面的情景，卻又因李亞男不斷地向別人訴說他們的戀愛史，他似乎又能清楚地記得那次的郊遊，是李亞男任社長的社團主辦的。那年他大三了，怎麼會想到去那個郊遊？他一向痛恨所有的「團體活動」。也許是大三了，身邊還沒有個女朋友，有點失落的感覺。李亞男對他招呼地極爲熱烈。她後來總是一口咬定，他們是一見鍾情，似乎這樣的說辭可以爲他們平淡無奇的戀愛，加上一點辛辣的味道。

在他們交往的過程中，李亞男的主動爲多，卻也因她恰有還過得去的容貌，並沒有使她的主動變成一個笑話，或威脅到他男性的自尊。又因李亞男也有幾個其他的追求者，反使王大衛對她送上門來的殷勤心存感激並自覺幸運了。那樣的年紀，竟不能洞悉自己深隱的喜怒哀樂，愛情又是新的遊戲，所熟知的規則只粗糙且原始地像市場學上的供求原理：有人要的就必定是好的吧！

畢業那年，李亞男主張兩人先訂婚，他想不出有什麼反對的理由。服役期間，李亞男且包下了兩人出國的一切繁瑣手續。他當完兵就當新郎，結完婚就雙雙赴美，他什麼心也沒操過，連到了美國改行念電腦，也是李亞男爲他決定的。

到了美國，李亞男的能幹、外向、人緣，卻不知所以地一下施展不開了。她不但念書念得辛苦，社交生活也一下沈寂下來。好象斷了翅的鳥，徒有精力卻無法起飛，這隻鳥偏又曾嘗過飛行的滋味。唯一的社交圈子就是臺灣來的留學生，自視頗高的李亞男卻又瞧不起圈子中的任何一個人。別的女孩子不是來找丈夫的，就只不過是留學生的太太。而她自己早已安穩的結了婚，又還知上進地讀「自己」的學位，所以比那兩組人都高明。王大衛拿到學位那年，李亞男的學位卻毫無頭緒，她也就乾脆懷孕，放棄了讀了大約有一半的學位。多年來，她卻因此而不斷地抱怨她爲了這個家而犧牲了自己的學業事業。教訓史提芬時，她絕不會忘記痛心疾首地說：

「要不是爲了專心照顧你，我現在搞不好已經是什麼教授經理了。」

王大衛拿到學位之後也順利地找到了事，拿到了綠卡，先買新車，後來當然也買了房子。李亞男卻似乎一天比一天不快樂。尤其是史提芬剛出生的時候，他經常上班回家撞見母子兩人哭成一團。面對持家育嬰的紛亂，李亞男的精明能幹不但揮灑不開，且全盤地崩潰了。她那不能自控的歇斯底里，似乎就是那時開始的。

史提芬大一些，情況也稍有改進。至少李亞男不再排斥與別的華人來往。她以前看不起那些猥猥瑣瑣擠在一堆的華人，認爲他們沒有辦法打入美國人的主流。逐漸認清自己好象也沒有那樣的能耐，也只好退而求其次。然而在華人圈中，她仍是批評多於讚美。雖不喜歡這些人，卻又離不開這些人。

王大衛等到屋裏的呼呼之聲漸歇後，才慢慢步入屋內。史提芬的房裏一片寂靜，孩子已熟睡了。他親了他仍有著殘餘淚水的臉頰，心中有絲疼痛。孩子是一面多麼完美的鏡子，照映出自己亦不願面對的事實：自己與李亞男的不快樂，婚姻的暗礁，以及在異鄉渡日的奇異存在。

(三)

卡拉俱樂部下一次的聚會卻無限期地延遲了。大家再聚首時，竟是在邁可的喪禮上。梁雯雯手抱著小吉米，全身籠罩著黑衣與哀戚。

車禍就發生在卡拉俱樂部成立的第二天。一部超速下坡的車子，撞倒了正騎在腳踏車上的邁可。才過街的梁雯雯回過頭時，只捕捉到邁可倒地的那一秒，像電影裏的慢鏡頭。

圈子裏的人都到了。全都擠坐在一堆。其他出席的人則多數是邁可執教學校的同事。李亞男來回在自己的位子與前座的梁雯雯之間走動著，噓寒問暖，又爭著幫忙抱小吉米。踱回自己位子時，總不忘掏出手帕拭淚。吳勝群正忙碌地整理著成堆的照相器材，時而發出一些清脆的聲音，在偌大的教堂中迴旋。羅勃魏坐在前排，低首和將主事的牧師商量著事情，用得到英文的情況下，他反而成了圈子裏最活躍的一個。張翠萍彈著管風琴，琴音裏有絲不耐，使得所有的聖樂都像快了半拍。麥芳芷穿梭在邁可的美國同事間，胸前掛了一個大圓扣，其上寫著：「哈囉！我是芳芷麥，二十一世紀房地產的百萬銷售員。」人群中充滿著一股莫名的興奮。

從事發那天起，圈子裏的人就活在這股莫名的興奮中。每家的電話一天總要響好幾次，來回地交換著故事，傳播著消息。平淡無奇的中產階級生活中，死亡也未嘗不是一針興奮劑，倒不是任何人有幸災樂禍的壞心腸，只是像死亡這樣極端的事件，忽然降臨在只有孩子、房子好談的生活中所必然引起的震盪，所引發的興奮是絕對超越那必有的短暫的悲哀的。

然而在這段日子中，李亞男是活得最帶勁的一個。倒也不是與梁雯雯的嫌隙，使她樂於看到梁雯雯這樣悲慘的遭遇。她聽到壞消息時的悲痛，其實是十分出自真心的。但是由於這事的發生，她又得以回到從前做社長時的活躍。從照顧小吉米的問題，邁可火葬的安排，華人圈內的連繫，與籌辦這個喪禮等等，她全一手包下，事事辦理得條理分明。更重要的是，這次少了梁雯雯搶她的風頭，她的精明能幹，又找到了展現的道場。來美國十多年，王大衛從未看到自己的妻子這樣徹底的快樂過。

邁可雖然和梁雯雯同進同出在這個圈子中那麼久，但由於倒底只是個「外國人」，還沒有和任何人建立起「一對一」的深厚感情，圈子裏也難有人真正徹心地傷痛他的逝去。多數的感傷反而是針對梁雯雯目前的處境而發。而能深體這樣感傷的，且多是做爲妻子的女人。連李亞男也不免時時暗思，如果事情發生在自己身上，她能否承擔的下？

對事情感受最深的是黃麗梅。她不能忘懷邁可在死的前一天還曾對她辭不達意的英文咄咄逼問。像這樣一個活生生的人，怎麼可能突然就死去？從接到李亞男報訊的電話後，她就一直揮不掉邁可帶笑的面孔。「Pardon me ?」他說著，嘴角翹得高高的。夜裏醒來，她似乎又看到邁可追著她問：「Pardon me ?」

除了對死生之隔無法滲透而引發的恐懼，邁可的影像也一再提醒了自己老是破碎不堪的英文，還有自己所在國度的陌生。邁可的猝逝也使黃麗梅體會到了自己一向引以爲的依靠，原是如此地易碎與薄弱。這個不安全的陰影籠罩了她生活的每一個角落。看不見鄭青時的驚惶使她連鄭青偶爾五分鐘的遲歸都無法忍受。鄭青開始抱怨她太神經兮兮。有一天她和李亞男打過電話後，竟要求鄭青立刻去找律師立下遺囑。李亞男說，在美國沒有遺囑，財產會被封凍數年，家屬拿都拿不到。鄭青的觀念仍十分守舊，遺囑有多不吉利，沒聽完就把她臭罵了一頓。

林秀雅自然也免不了這樣的焦慮。但她卻驚異地發現自己竟有幾次沈溺在死者是徐偉的幻象中，而爲自己的未來開展了許多也並不是完全悲慘的可能性。

紀念儀式結束後，與會的人排成一行，一一上前去慰問孤兒寡母。梁雯雯一身烏黑，同時戴了一頂有面紗的黑帽，她站得很直，像一株小樹。第一個上前擁抱梁雯雯的是李亞男，她仍習慣性地用手帕拭淚，又用手接過小吉米，梁雯雯猶豫了一下，還是交出了小吉米。李亞男抱著小吉米，站在梁雯雯的旁邊，仍不停她拭淚的動作，儼然像個答禮的家屬。黃麗梅擁抱梁雯雯時，竟忍不住地抽泣起來，在梁雯雯紋風不動的身體上顫動著。還是鄭青把她拉扯開的。忍了那麼久，她的害怕這時才有機會一股腦地哭了出來。

（四）

喪禮結束之後，興奮的情緒也漸漸淡下來。正常的日子又開始一天天的周而復始。卡拉俱樂部的聚會也恢復了。

在衆人的驚異與李亞男的不以爲然中，梁雯雯的哀悼期並沒有一般人想像那麼長。她似乎打定了主意要好好過未來的日子，因而打起精神恢復上班，並重新開始忙碌的社交生活，也再不提起邁可。李亞男由默默地不以爲然到再也忍不住地公開批評。那天梁雯雯打扮齊整地出現在卡拉俱樂部的聚會時，李亞男的義憤終於達於頂點。那有新寡就出來唱歌做樂的？她與梁雯雯的短兵相接又開始層出不窮，日子越發「正常」化了。

李亞男雖然四處籠絡圍剿梁雯雯的幫手，卻似乎沒有得到太多的回響。她自己雖然對「寡婦」這個角色，有著根深蒂固的意見，因而憤見梁雯雯處處犯規。一般人到底感染了美國崇尚自由的空氣與凡事向前看的樂觀精神，對梁雯雯的行爲，除了起初的訝異之外，也沒有太多不滿。連李亞男的死黨黃麗梅，因有著對梁雯雯能如此堅強所生的敬意，這次也沒有輕易掉入李亞男的陣營。

李亞男在發現自己寂寞的正義之聲竟是孤掌難鳴之後，又陷入了她慣有的怨尤與抑鬱之中。直到那天接到林秀雅突來的電話，在電話的啼哭聲中，林秀雅說梁雯雯竟和自己的丈夫「好」起來了。

在林秀雅初時抽抽答答的描述中，李亞男還不能確信這個空前的大發展。她心跳加速地追問著林秀雅，弄清真有其事之後，她幾乎「啊」的一聲叫笑出來。梁雯雯果然墮落到了極端，而她一向被忽視的「正義之聲」這下可得以大鳴大放了。

「妳不要哭！有我們這些朋友在，不會讓妳吃虧的。」李亞男在電話中一味地安慰著林秀雅，心中卻等不急地想知道事情的原委。那一頭的林秀雅卻仍不爭氣地語無倫次。她強壓住自己的不耐，催著她說：

「別哭了嘛！講講清楚，到底是怎麽一回事？」

林秀雅和徐偉雖然是圈裏公認的「模範夫妻」，徐偉接二連三的婚外情卻早在林秀雅無可奈何的認可後，成爲兩人婚姻的一部分。然而，徐偉這次的出軌卻不像從前幾次那樣有著直接的證據。在開始時，林秀雅只覺得徐偉的神色有異，經常失魂落魄的。他常提起梁雯雯，開始也只是一些同情她的話，久了就多了許多有關梁雯雯的「事蹟」！她上大學的一些瑣事，她和邁可的戀愛經過等等。林秀雅直覺地起了疑心。徐偉的素行不良加上梁雯雯新寡的身份，使她馬上朝了那方面去想。卻又被自己的念頭給嚇住了。徐偉從前的女人都只是個影子，沒頭沒臉，不知她們的長像。這次卻要落實在圈內另一個女人身上？她想到梁雯雯唱歌時甩著頭髮扭動身軀的樣子。邁可的喪禮上，她雖一身烏黑，卻仍遮不住一身的冶豔……。

她開始躡手躡腳地偷聽徐偉躲在書房中講的電話。這次的徐偉似乎異於往常，不再聽見他浪聲浪語，有時竟還捕捉到他幾聲歎息。她影子似地監視了徐偉一兩個禮拜，卻只有一次聽得他說：「唉！吉米還那麼小。」這只加深她的疑懼，害怕再追蹤下去，他的情婦就要驗明正身。

那天，她因付賬單犯了個錯惹了不少麻煩，還是靠著徐偉一一去交涉擺平。事後，徐偉竟然失望地對她說：「妳能有梁雯雯一半能幹就好了。我那天要是死了，看妳怎麼過下去？」她聽了直覺得委屈，竟不自覺地就說：「她那麼好，那你去愛她好了，反正她現在是單身。」

她說這話時，並沒有怎麼帶氣，語調平平的，好象只在說著一個笑話。沒想到徐偉竟一拍也沒差地接著說：「妳以爲我不愛她？就是她不讓我愛。」

有幾秒的時間，她不知是否該放聲大笑，好象徐偉也只是在說一個笑話。就在那時，她瞥見了徐偉臉上的表情：他的臉扭曲著像是極力在忍住眼淚。而她本能的反應，竟是上前把他抱入懷裏安慰一番，直到搞清局面後，她才開始感到心中那股疼痛。她從未看過徐偉這樣痛苦的表情，她慢慢走回房間，關上了房門。

徐偉最終還是攪和上了圈內的人。而她自衛的本能使她立即擔心他們「模範家庭」的形象就將被拆穿。因此，她對梁雯雯開始產生了極大的恨意。邁可死後她不是也盡了朋友之誼，三天兩頭地做菜送去給她？在憤怒中，她撥了李亞男的電話。

「放心好了！這口氣我們總會幫妳出的。朋友是做什麼的嘛！」李亞男不斷地安慰著林秀雅。

掛了電話之後，李亞男用顫抖的手指撥通了圈內每一家的電話，急切地廣播著這個消息。因爲知道黃麗梅是自己的死黨，探口氣的開場白都省了，她直接了當地罵了起來：

「也太不象話了吧！邁可才死沒多久，她就妖裏妖氣四處招搖。我早就看不慣了，這下也真做了風流寡婦了。」

聽著黃麗梅好像還是嗯嗯啊啊應付她時，她不耐煩地說：

「我們可要有些行動啊！不然連我們自己的老公都保不住了。」

這句話可說中了黃麗梅的心事，她也一直覺得鄭青有點崇拜梁雯雯的嫌疑，事事都去請教她。李亞男見黃麗梅有了反應，又接著說：

「這雖是件醜事，不宜宣揚。但林秀雅倒底是我們的朋友，我們總要給她一個公道，而且事關華人圈裏的道德風氣，我們也不能不聞不問。我和王大衛會找梁雯雯談，請她不要破壞善良風氣。」

接下來的日子裏，李亞男的生活又重現了一個新的高潮。她又開始在電話上講個不停了。王大衛自然不肯照李亞男的意思去找梁雯雯做什麼精神講話。她自己去找了梁雯雯，卻碰了一鼻子灰。她的下一個構想，卻是夥集衆人，一起杯葛梁雯雯的卡拉俱樂部。梁雯雯雖不是正式的會長，起初俱樂部的成立卻的確是她張羅的。李亞男自然以爲破壞這個俱樂部是對梁雯雯最直接的打擊。

她先把這個構想告訴了林秀雅。林秀雅在起初的激動之後，對整個事情的看法反而冷淡多了。對李亞男的大事喧嚷與藉題發揮很是不以爲然。徐偉最近反而對她殷勤了，也願與她談一些心裏的事。是愛情使他變得溫柔了？她也漸相信整件事情可能只是徐偉一廂情願，梁雯雯曾打電話給她，淡淡地說：

「事情搞成這個樣子，我很難過。不過我可以向妳保證，我們之間什麼也沒有發生。」

林秀雅反而有點怪自己當初太衝動，弄得大家都很難堪，她對李亞男說：

「事情其實已經過去了。算了，大家都是朋友，就這麼幾個中國人，何必嘛！」

「怎麼能算了？這就叫『輿論』。有人行爲不正，我們就該挺身而出，表示意見。」

李亞男慷慨激昂地說。

「這事也不能全怪梁雯雯，徐偉也有錯……。」

李亞男不等她說完就掛了電話。她覺得已召集到了足夠的人數。除了杯葛卡拉俱樂部外，她又突發奇想，何不乾脆由她另組一個合唱團。她連名字都想好了：「樂風群詠」。別致又有古意，比就叫什麼「合唱團」脫俗多了。

「卡拉俱樂部唱一些靡靡之音，風格太低。我們的『樂風群詠』採取合唱的方式，以藝術歌曲及民謠爲主。」她在電話上熱烈地向人敍述著。

張翠萍被抓了當鋼琴伴奏。吳勝群雖然痛恨這些私人恩怨所引起的糾紛，但爲了張翠萍，他只有跟著走。何況李亞男還敦請他做音樂指導兼指揮呢！黃麗梅雖給說動，又怕老公怪她惹是非興風作浪，也不敢斷然答應。麥芳芷表示全力支援，但也沒有表明不去唱卡拉的立場。

「樂風群詠」就在這樣的情況下，成爲菲城中國人圈子裏的第二個音樂團體。

（五）

梁雯雯踏入鄭青家時，卻發現只有鄭青和另一對年輕夫婦，坐在客廳裏。經鄭青介紹，知道是他的弟弟及他的弟媳，從臺北來美觀光，也都是卡拉迷。

「臺北好流行呀！到處都是店。常常因爲大家搶著要唱，打起架來呢！」鄭青的弟弟報告著：「沒想到你們美國也興這一套。」

豈只是卡拉呢？思鄉懷舊可是這群滯美華人精神上唯一的風雅，因而在美國倒著追逐臺北的時尚。

「其他的人呢？都不來啊？」梁雯雯沖著鄭青問。

「妳都知道了吧？」

「知道什麼？」

「李亞男成立了一個合唱團，叫什麼『隨風游泳』的，拉走了不少我們的團員。」

梁雯雯喔了一聲，沒再說話。她雖不知情，卻也不怎麼訝異。那天李亞男約她一起吃午飯，她就知道沒什麼好事。兩人在餐廳還沒坐穩，李亞男已先聲奪人，衝著她說：

「徐偉和林秀雅可是恩愛夫妻，妳不要去破壞人家家庭。」

她睜大了眼睛，簡直不相信李亞男會這麼單刀直入，又覺得一切十分可笑，也只答了一句：

「妳知道什麼嘛！」好象是對個孩子說的。

「我怎麼不知道？林秀雅可是找了我哭訴。邁可死後，我們都知道妳很寂寞，但也不能這樣……。」李亞男識相地收了嘴。

「搶人家丈夫！對吧？」倒是梁雯雯替她接了腔。

「妳知道就好。妳最好以後不要和徐偉有任何接觸。電話也不要打了。」李亞男像在教訓史提芬似地告誡著梁雯雯。

「李亞男，我可是三十好幾的人了，我媽都管不住我，妳算老幾啊？」

「妳這樣子叫我們這些有丈夫的人，以後誰敢和妳來往。邁可死時，大家對妳都很照顧，妳可別忘恩負義。」

「我知道妳在那段時間裏，幫過我不少。但也不能因爲幫過我，妳就可以控制我。」

「我可沒有說要控制妳。妳和徐偉倒底是怎麼一回事？」

「妳爲什麼不去問徐偉？」梁雯雯憤憤地說。

兩人最終還是不歡而散。她知道李亞男不會就此罷休，好戲還在後頭。果然，她這下成立了個合唱團來打擊她。

「黃麗梅也跟去『游泳』了？」梁雯雯玩笑地問著鄭青。

「她啊！就是耳根軟，愛聽人家搬弄是非。我還因爲這個，和她大吵一場。」鄭青充滿歉意地說。

講著，門鈴響了。被迎進門的是羅勃魏及麥芳芷。羅勃魏對最近這場戰爭，有所聽聞，但因爲隔了一層，也不明細節。李亞男沒有極力召集他，倒底唱藝術歌曲，有個不懂中文的人在，總是礙手礙腳。

麥芳芷一進門就神秘兮兮地說：

「我剛從『那邊』過來。」她和鄭青擠了擠眼。

「怎麼樣？」鄭青問。

「唉呀！乏味之極。吳勝群叫每個人捧著肚子，用丹田發音。我那懂什麼叫丹田發音。張翠萍把鋼琴敲著咚咚響，一屋子的人捧著肚子，伸長脖子，真像公雞司晨一樣。吳勝群還直搖頭，說中國人裏沒有幾個人真正會唱歌。」

梁雯雯幾乎看到了吳勝群收著小腹唱歌的樣子，好象就在昨天。啊！那時邁可還在，抱著小吉米…

那晚回家，邁可有點沈默，也許是有點被冷落了。第二天天氣奇好，早秋的涼爽，配上豔陽。邁可也一掃陰霾，樂洋洋地建議去大公園騎腳踏車。小吉米放在對門的鄰居家裏。繞完公園一圈，邁可還有興致，兩人又開始兜第二圈。陽光灑在邁可金黃的頭髮上，他一臉是笑。上小山坡時，邁可在她身後叫著：

「嘿！我好愛妳！」

她也一臉是笑。瞥見一輛下坡的車子，她卻搶過了街，心裏還想著：

「邁可別過來啊！」

背後卻是一聲巨響，她回首的目光，正撞見邁可倒下的身軀。她聽到自己的尖叫。而邁可倒下的那一刻，她卻正想著：

「還好小吉米在鄰居家裏，還好我閃過了。」

似乎在那千分之一秒的時間裏，她已把邁可從他們的生活中剷除了，爭都沒爭就接受了他已不在的事實，而開始盤算著邁可死後自己未來的日子。坐在急駛向醫院的救護車中，她已進入了細節籌劃的階段：找一個小一點的房子，把母親接來照顧小吉米……。她永遠是一個實際的求生者，往者已矣，在邁可倒下的那一刻，她已努力地越過他靜寂的身軀，勇力地望向前方。

不久徐偉與林秀雅夫婦也到了。她避開徐偉的目光，害怕裏面還有什麼。林秀雅特別找她說話，算是前嫌盡釋吧！如果沒有林秀雅，她會愛上徐偉嗎？他的感情太烈，她怕。

那晚，徐偉吻她，她回應了，回應地激烈，像在報復什麼似的。那來自另一個人體的撫觸，她渴想了多久！邁可死後，她刻意挺直的雙肩，已使她疲倦。空洞的房子，空洞的雙人床，冷嗦地使她想望體熱——來自另一個人體的溫度。朋友一一避開，留下空間讓她去演好那個清冷的寡婦的角色。徐偉是唯一向她張開雙臂的人。

鄭青的弟弟迫不及待地扭開了機器，笑著說：

「我不客氣了，先獻醜了。」

他唱了一首節奏輕快的英文歌「敲三下」。英文可比鄭青好多了。大家也沿老規矩，跟著詞敲三下，鞋跟落在地毯上，悶悶的。他唱完了之後，大家就擁著梁雯雯，要她唱。她選了一卷老歌的帶子。

前奏之後，幽怨的提琴顫抖著一個尾音。她對著麥克風輕訴著：

「重相逢，彷佛在夢中……」

盪漾著回音的女低音，頓時充滿了整個房間。啊！幻象的迷人！吳勝群說的不錯，這是加料過多的聲音，卻不如清唱那般赤裸，像戴了面具演戲，給人一種安全的感覺。她躲在自己的聲音裏，看著自己動情的演出。對著一批期待著的觀衆，她知道該怎麼演下去，回音與幻象擋在他們中間，保護著她。

「重相逢，彷佛在夢中，其實不是夢……」她自信地一字一句地唱下去，這齣戲她知道怎麼演下去，一切都將ＯＫ。

搖到外婆橋

蛋糕上有十三隻搖搖晃晃的燭光，我分了三次才全部吹熄。有幾滴蠟燭的眼淚滴在白色的奶油上面。蛋糕上長短不齊的蠟燭，多數已燒得焦黑，邊上還泛著才滴到一半就凝固的蠟油。原來色彩分明的小蛋糕，已變成一堆零亂。母親上前擁著我說：「生日快樂！妹妹是個大孩子了。」從我有記憶以來，我每過一個生日，母親就是這樣說。說著也有七八年了。今年這句話卻好象有了新的意義。上個月我的月經剛剛來潮，這一年又有許多不平常的事發生。那句「大孩子」，引起了我微微的傷感，好象是向什麼不捨的東西告別那樣的酸楚。我從不知道長大原來是這樣的滋味。除了那令人難堪的月經一事之外，心裏也好像突然被繫上了一根細細的弦，常常沒來由的一震，就發出淒涼的回音。

今年的生日仍然是「家庭式」的。母親一向堅信太大事鋪張地爲我做生日，會培養出我驕傲的個性。在美國的那幾年，還常爲要有個生日派對，而和母親爭鬧。現在我是無所謂了，反正我也沒有太多的朋友。只是今年的生日，父親卻不在場。我想那也是我有點傷感的原因吧！

母親送我的禮物是一套精裝本的「紅樓夢」。她說對我的中文程度能有所助益。母親給我買的東西，永遠都是有「教育性」的。小時候，我總是拿到「樂高」、「拼圖」這一類我極痛恨的搭建玩具。就連芭比娃娃最風行的時候，母親仍因「芭比娃娃」的欠缺「教育性」而拒絕爲我購買。

然而母親所謂的「教育性」大概也只在抽象的概念上打轉（我的母親是一名出色的數學家），在實際的生活上，教育似乎就沒有地位了。就拿我月經來潮這件事說吧！那天放學回家，我告欣母親我「那個」來了，她竟面紅耳赤地慌張起來。還有點生氣的意思。也許她是在氣自己吧！連這基本的生理過程，她都沒有向我解釋清楚。這事可能已太過平常、低下，不在她所謂的「教育」範圍之內。

我也許不該太苛責她，她可能只個是很典型的中國母親。在我班上的五十多位女生中，我不知道有多少人已事先得到母親的警告。那天王芳美竟被自己裙上及椅上的一小片血漬，驚嚇地哭了起來。據說講述這一章的生理衛生，要到下學期的課本中才有，而且這一章一向都只被列爲「自行研讀」的範圍。

我在這方面的教育，竟來自我在美國時五歲的玩伴蘇西。想來多麼不可思議啊！蘇西是我們的鄰居，和我年齡相仿，我常被送去她家玩。她斷斷續續和我說過一大堆女人長大要經過的事。我卻只能在一旁點頭稱奇。當我把這些消息帶回家去印證於我母親時，卻都給大聲喝住。她甚至會生氣的說：「以後少和蘇西一起玩，把妳都帶壞了。」因此，我對蘇西的這些話，一直是半信半疑的。直到去年，蘇西在她給我寫的信中，大聲宣稱她的「那個」終於來了，並仔細地描寫她如何興奮地跑回家去告訴所有的人她已是一個「女人」了。我那時才驚懼地肯定，原來長大的確是這個樣子的。但當這事發生在我身上時，我卻一點也沒有蘇西的雀躍，反而莫名其妙地覺得自己做了一件不可告人的壞事，一件不可挽回的壞事。

外婆送我的生日禮物是她親手縫製的一襲連衣裙，大紅顏色，樣子卻很老式。但我仍裝出很喜歡的樣子。外婆的感情是極脆弱且容易受傷的。

拆完禮物，吃完蛋糕，生日就過完了。剩下我們祖孫三代，三個女人，靜靜坐著。空氣中有點緊張的氣氛。我注意到外婆和母親幾次交換著眼色。我想她們又有什麼壞消息要告訴我了吧！反正這一年來，我已習慣壞消息了。

她們眉來眼去了許久，母親終於向我走來。她張開一臉勉強的笑容，然後用她因爲誇張而顯尖削的聲音說：「妹妹！媽媽還有一樣禮物要送給妳。這個禮物是妳一直想要的喲！」我不動聲色的坐著。她舔了舔嘴唇，接下去說：「我們要回美國了！」她張開雙手，似乎等著我一躍而入她的懷裏。

我動也沒動，殘忍地讓她尷尬地空著雙手。幾秒沈默之後，她的眼角幾乎已閃現了淚光。我冷靜地看著我那可憐的母親，依然固執地不說一句話。看著她在這一年內倏然蒼老的面孔，我報復似地問：「那爸爸呢？爸爸和不和我們一起回？」母親和外婆爭著開口，急著要陳述她們必然已準備好並演練多次的說辭。我卻突然有股悲傷與憤怒，以及對面前這兩個女人說不出的恨意。我猛然站起身來，在她們尚未開口之前，就先叫囂著說：「爸爸不回去，我也不回去！」我轉身奔向房，像電視連續劇中常有的鏡頭。這個聯想使我在奔跑中，竟有點想笑的衝動。直到如電視劇中那樣摜上房門之後，才掉下淚來，卻好像也只是一個極端熟悉卻已陳腐不堪的情節。

我在房內等著情節中該有的敲門聲，卻意外地只等到門外一片的寂靜。我坐在床上，聽到鄰居家傳來的洗牌聲，還有遠遠一個孩子的啼哭聲，悶悶地浮在門外那一片的寂靜之上。我感到自己臉頰上有兩束潮濕的冰冷。

回不回美國對我來說真的已沒有什麼不同了。六年前，我那樣爭吵著要回去，他們竟然充耳未聞，六年後再來還願，未免也太晚了吧！

而父親，他竟真的置我們於不顧？想到父親，我又失聲的痛哭起來。

我的頸上，掛著父親送我的生日禮物。那天，他在校門口等到我之後，塞在我手裏的。我們後來又去學校附近的冰果店中，見著了他要我叫阿姨的女人。我原應該對這拆散我父母的女人充滿著恨意的。然而她那臃腫的身材，極不出色的面孔，與低聲下氣的談吐，只引起我一點悲憫的情緒。我的恨意卻反而是對我母親而發的，她怎能把父親輸給這樣一個女人！

我不知道父親爲何要安排我與這位「阿姨」見面。我不認爲我的命運和她有任何的交集的。難道父親會在與母親離婚的談判中，力爭對我的監護權？我因這突然閃現的新希望而興奮起來，竟爲了在父親面前製造好印象，而主動地和「阿姨」講起話來。

事後我自然又爲自己這樣諂媚的行爲而羞愧不已。我爲何要去討好那位根本不想要我的父親？那天，在母親嚴厲的指責與歇斯底里的哭叫聲中，父親曾那樣理直氣壯地說：

「她已懷了我的孩子，還是一個男孩呢！」

我在隔牆的鄰室中，只覺身上一股被棄的幽冷。難道父親離開我們，就因爲我不是一個男孩？一向疼愛我的父親，原來仍有這樣的偏心啊！我在被棄的傷感中，更有一份愧疚，愧疚自己的不足，不足以爲母親挽回我的父親。

我告訴小曼我可能要回美國了。並不真想要她知道這件事，只是想談談我自己的事，好堵決住她的嘴，別再繼續講她那乏味的家庭教師的故事。從上個月起，只要我和小曼一有機會溜到後山大樹下「我們的地方」，她就開始講述她那台大的家庭教師如何一步步向她展開愛情攻勢的故事。我只覺得厭煩，而且根本懷疑那個家庭教師的存在。小曼的父母離了婚，家境清苦得很，怎麼請得起家教？

小曼聽說我要回美國了，似乎比我還要興奮。她已開始計劃如何到美國去探訪我了。我也沒想到她那麼大嘴巴，後來班上好多其他的同學也都知道了我要去美國的事了。美術課大家在做素描時，他也走到我的位子來問我說：「聽說妳要回美國了？」我點了一下頭，不敢看他。

「那妳一定很興奮了！唉！我真希望我也像妳一樣幸運。」他又說。

我沒搭理，他也就沒再說什麼，繞到我的位子後面走開了。我有一點驚惶，難道他會對我有一份不捨嗎？我幾乎還沒有想完這個念頭就要笑自己的無聊了，和小曼一樣的無聊。

下課時，左松雲從窗口走過，腦後梢的馬尾一路的跳躍過去。他趕快收拾了我們的作業，跟了過去。從前，我總會跑去教員休息室的門口繞一圈，看他們是不是在那兒講話。今天我連這樣的心情都沒有。下一堂課，他上二年智班的美術，她上二年信班的國文，他們將會一起從窗外走過。我早已背熟了他們的課表。

第一天來上課時，他在黑板上寫自己的名字：「葉永青」。我一直到現在還是以爲那是一個化名，那實在不太像一個真正的名字。他開始注意我，並不是因爲我畫畫得特別好，而是因爲他聽說我曾經住過美國。他似乎對那個國家有著無限的憧憬，總愛在大家忙著畫畫時，走到我的位子上來和我談美國。我離開美國時才七歲，實在對那個國家說不出個所以然來，也只能聽他反覆地說：「那個國家我有一天是要去的！」

說實在，我對他這套週而復始的談話真有點厭倦了。但至少我們之間還有這套：「密語」，使他願意在每次上課時，走到我的位子上來。美術課是我生活的重心與每星期等待的日子。我會花上一星期的時間準備好想和他說的話（當然要很有深度，卻要說的很不經意）。準備好的話卻常到了嘴邊，又被我的羞怯吞食。這樣的失去和他「有意義」的對話機會，又會使我沮喪數日。我不知道除了「美國」這個印象之外，他是怎麼想我。有一次，大家擁著他，要他看手相。他看著我攤在他面前的手說：「感情線又深又長，這是隻藝術家的手。」他的雙眼對著我直望過來，我只覺得一陣昏熱，趕快低下頭來。不知是不是我自己敏感，在他放開我的手掌時，我感到他有意的一記輕捏。

這學期開學沒多久，我開始注意到他時常跟著新來的左松雲老師。左松雲跳躍的馬尾巴後面，總看得到他卑微地彎身徐行。一天，同學在他大本的素描本中又發現了將近十頁的馬尾巴素描。那只有輪廓的側影，一看就能知道是誰。他來和我談美國時，我不太搭理，似乎一對他說話就會哽咽起來。我常常需要一人去後山的樹下靜坐，拂不掉心上濃密不散的哀傷。

後山的大樹是我先發現的。那棵大樹立在一個很陡的坡上。盤據在它根部的綠葉植物和下走的斜坡，正好形成一個天然的洞穴，小的只容得下二個人身。我帶小曼去過，她嫌那兒鬼氣，不愛多去。我卻可以一人坐在洞裏，坐上一個鐘頭。望著洞頂上密密的綠葉，我還編過一首歌，歌名就叫「葉永青青」。在樹的綠影下唱來唱去，後來卻變得很悽愴，像葉子落盡的秋天一樣蕭瑟。

七歲那年的記憶已漸模糊，但仍記得自己那時是如何痛恨這個「外婆住的地方」。在臺灣，外婆是我們碩果僅存的親人。祖父母在我年幼尚無記憶時，就已相繼去世。回台之前，母親在我日夜哭鬧的抗議聲中，就用「外婆住的地方」來美化這個對我完全陌生的地方。未曾謀面的外婆，總也是那個時時寄包裹、寄玩具的老人。除此之外，母親大約也企圖要我生出一些與童謠中「外婆橋」的美好聯想吧！

決定回臺灣大概是與父親工作的不順有點關連。我的父母親都是數學家。後來聽外婆說，父親和母親是大學同系的同學。母親拿了四年的第一名。在她拿到美國加大全額獎學金時，竟要求加大也提供成績並不出色的父親一份獎學金，以此做為她前去加大的條件。

畢業後，母親順利的找到了工作，父親卻十分不得意地四處碰壁。反正，兩個同行的也不容易同在一個城市找到工作，他們就決定回來闖天下了。

我被送到本地的小學上一年級，國語還有很重的美國腔調。小學的老師沒有美國幼稚園的老師那樣和藹。一行一列坐滿人的擁擠桌椅，完全不是我心目中學校該有的樣子。我洋腔洋調的國語自然也製造了不少笑料。老師同學對我都有一份好奇，我雖飽受注意，但也自覺自己永遠只是一個「異類」。同校的小朋友，會用他們不知在那學來的英文字，像丟花生米給猴子似的向我丟來。老師會牽著我的手，向其他已成群結隊的小朋友說：「蔡美媚和你們一起玩好不好？」開始的一年，我簡直就是隨時等著別人認養的孤兒。

但是，那些寂寞的經驗，再壞也不能和我第一次受體罰的恐懼相比。一次月考中，我的國語只考了三十多分。本來老師對我的國語程度是十分寬容的，但她大概也覺得三十分的成績，已超出了被原諒的範圍。我不記得挨了幾下板子，只感到手心上一陣陣刺心的酸麻，及自己身後一片嘲笑的目光。

我一直到回家都不能停住哭泣。母親對我被體罰的事氣得暴跳如雷。第二天就去找我的老師理論。

「我不覺得體罰是種合理的教育方式。我尤其不能接受我的女兒被體罰這件事。」我的母親大聲地對我的老師說。

「您的女兒是團體中的一分子，我不能責罰別的孩子，而不責罰您的女兒。那樣太不公平。」我的老師極端不悅，卻也心平氣和地向我母親解釋。

「那為什麼不完全廢除體罰？這根本是一種野蠻的行為。」我的母親不讓步地說。

「也許您從美國回來，看法不太一樣。不過這裏的一般小學，還是通行體罰。我們相信這仍是一種有效的方式，能警惕年幼的孩子，使他們不再犯錯。」我的老師一提起美國，聲音中不免充滿了酸氣。

「考試考不好算犯什麼大錯？也許錯不在孩子，而是在教學的方法。我看過這分國語考卷，對錯實在不那麼明顯。」我母親攤開考卷，指著中間的一部分說：「比方說這個填充題：『大清早，爸爸看書報，媽媽……』。妹妹填了『媽媽去學校』，這有什麼不對？」

我的老師眼睛眨也不眨地說：「應該是『媽媽大清掃』。」

我的母親不相信的張著大口，十分生氣的說：「什麼時代了，你們還在教育這種男人看報，女人掃地的落伍觀念。我可從不在早上掃地，尤其不在她爸看報的時候掃地，我的女兒怎麼會知道『正確』的答案？」我母親那『正確』兩字簡直就像是揑著鼻子說的。

「但是書上明明有寫啊！表示妳的女兒根本沒有念書。」老師十分高興地宣佈了我不念書的罪狀。

「這樣只照書本不顧實情的教育，算什麼教育啊！」我母親十分輕蔑地說。「蔡太太，您若是不滿意國內的教育，您大可把您的女兒送回美國去受教育，這個自由您是還有的。」我的老師起身，說要去上課，就走出了教員休息室。

母親像隻鬥敗的公雞，回到家後大罵臺灣的教育。父親笑她自找沒趣。她則又開始和父親算老賬了。要不是他，我們是不用回臺灣受這口氣的。

其實在許多其他的事上我也發現，我們曾住過美國這件事總會使我們的處境難堪。我們尤其是不能批評任何人，任何事的。因爲那只會換來一句：「不高興爲什麼不回美國啊！」或是：「從美國回來有什麼了不起。」

後來，我的老師對我十分冷淡，也沒再打過我。她動不動就會諷刺地說：「回去問妳母親吧！她是最懂得如何教小孩了。」

我的國語要到五年級才算趕到不落痕迹的地步。但是我的功課還是不好，最多只能算是中下。母親對我是十分失望的。雖然我不再洋腔洋調的說國語了，同學們還是時常挖掘出我的過去，說明我的不同：

「你們看她的頭，前後都是圓的。一看就知道是美國長大的。」

父親先在一所大學教書。兩年前，他決定出來做生意。他說一直待在學校太沒前途。

母親反對，但也無效。

父親的生意似乎做得有聲有色，但他也開始經常夜歸。我常在半夜被他們的爭吵聲驚醒。後來父親乾脆就數天不歸。母親的眉頭鎖得越來越緊，我也越來越加寂寞。

一年前，在夜半驚夢的爭吵聲中，逐漸出現了父親外遇的影子。在我偷聽到那女人懷孕消息的第二天，母親就帶著我搬入了外婆家。

外婆家其實也是母親長大的地方。母親說那個眷村四十年來未變。雖然眷村的房子十分簡陋，但因四鄰的人聲不斷，比起我們原先的豪華公寓是要熱鬧的多了。

我自小聽了很多有關外婆的傳奇：外公很早去世，外婆獨力靠洗衣、打工，養大了包括母親及小阿姨在內的三個女兒。每次母親在講完外婆早年的艱辛之後，總不忘記說：「我有今天的成績，就是爲了要替我母親出口氣。」外公在去世之前，似乎也有一些在外拈花惹草的事蹟。外婆守寡多年，孤兒寡母也受了村人不少欺負。

第一次見到外婆時，竟爲她和母親之間的相像所震驚。那兩人共有的神態上的肅穆，是照片中不易顯現出的。那時才七歲的我，竟也想著自己是不是也那樣的與他們相似著呢？

外婆早年清苦，如今卻開口閉口就說：「我們過的這麼好，都是政府的德政。」好象她一直過的是風調雨順的日子。外婆的忠黨愛國簡直無人可比。我剛回來的那一年，有一次撞見她對著牆上的一張黑白照片痛哭流涕。有一刻我還以爲照片中是早已逝世的外公。

後來上了學，才發現那張黑白照片，竟掛在每間教室的牆上。那是剛去世的蔣經國先生的照片。老總統去世的時候，外婆也到街邊跪拜，還哭了幾天幾夜。最近幾年，她一遇事，就感歎說：「如果蔣家還在，就不會是這個樣子了。」連對我父母的分居與父親的外遇，她也有過同樣的感歎。說得我都不免好奇，想知道那是怎麼樣的一個盛世。外婆說那時事事清明有序，那有那麼多外遇離婚這些污七八糟的事。

母親搬回外婆家後，她雖不明顯地鼓勵母親離婚，卻也趁機透露了許多她對父親的不滿：「早就知道不愛國家的人，不會是好人的。」要說父親不愛國，實在也沒有什麼道理。他是一個對政治一點興趣都沒有的人。父親總能將任何來自外婆的批評，歸根到他是臺灣省籍的事實。父親說外婆對本省人有一種直覺的不信任。他對政府任何小小的不滿，加上他的籍貫，就會使外婆一口咬定他是個不愛國的人。外婆也曾因他是臺灣人而反對母親與他交往。我自己因爲早已被歸類是「美國人」，根本捲不入這類臺灣人、外省人的衝突之中。

父親常在母親面前笑外婆的愚昧：

「國民黨給過她什麼好處？苦了一輩子，還這樣歌功頌德，真是一派愚忠。」

母親極不樂意父親這樣奚落外婆，就會不切題的說：

「她就算愚蠢，也還赤手空拳養大了三個女兒，比你有用多了！」

父親仍在一旁嘟囔：「什麼愛國，愛國卻把三個女兒通通趕到美國去。這算愛國？真是虛僞！」

我和母親搬出來之後，父親到學校門口等過我幾次。和他那時的徹夜不歸相比，我反而增加了和他見面的機會。我們總是走到學校附近的公園，繞著小池塘一圈一圈的走，講的無非是一些發生在學校的瑣事。有一天他問我是不是很恨他。我搖搖頭答不上來。

「畢竟是我對不起妳媽。」他說。

我沒有回答。他又說：

「其實，妹妹，我和妳母親一點也不相配。這些年我精神上十分苦悶，妳應該是知道的。」

我想我並不知道，也不願知道。雖然我隱隱約約地感到父親和我一樣都在母親的嚴厲與要求中，委屈的過日子。但爲什麼父親可以離去，我卻沒有選擇，而且還使我失去了一個戰友。記得從前我們是如何的在母親冗長的斥責中，交換著鬼臉。爲什麼我們不能回到從前？

「我們一起回美國好不好？」我哀求地說。

父親無聲地搖了搖頭。我強忍住就要奪眶而出的淚水，沒再說什麼，繼續和他繞著小池塘走。我的面上必然充斥著悲戚的顏色。我突然想像如果葉永青此刻正從公園走過，瞥見我臉上的一片悲秋，也許他能瞭解什麼。

我不知道父母是不是已辦妥了離婚手續，或者我是不是被判給了母親。和母親持續的冷戰使我不願開口向她詢問什麼。那天在電話中，我忍不住就直接問了父親，問他是不是不要我了。他支支唔唔地說：

「妹妹，妳還是和媽媽回美國好。妳不是一直想回美國嗎？美國單純些，念書也沒那麼辛苦。臺灣太複雜了。」他頓了頓，又說：「妳知道我是愛妳的，是不是？」

我沒有回答，輕輕掛了電話。爲什麼大家都以爲我一直要回美國？有誰真正問過我嗎？

去機場的那天下著傾盆大雨。外婆病著，被母親擋住沒去送機。父親竟也沒有打電話來告別，雖然我已癡癡地等了幾天他的電話。更虛妄的是，我竟等待著信箱中可能出現的葉永青的一幅素描。上學的最後一天，我去向他辭行，在他模模糊糊地說著「旅途愉快」這一類愚蠢的話時，我竟不爭氣的掉下淚來。他說也許送我一幅畫做紀念，我卻又羞又倉惶地逃出了教員休息室。

「送妳一幅畫，妳可以帶到美國去。至少我的畫先去了美國。」從頭到尾他仍沒有和我談過任何美國以外的事。

機場出奇的安靜。這還不是旅遊的季節。我的心情和機場一樣的空曠，漠漠然不知有什麼在另一端等待。

出境時，一位辦事員看看我們兩本美國護照，問母親說：「回美國啊？」

「是『回』美國。」母親諷刺地加強了那個「回」字。

突然間，我發現母親全身抖顫著，已是淚下如雨。那個辦事員擡頭看了一下母親，又若無其事的碰碰碰地敲著印章。

我只覺得羞恥，竟要和這個痛哭流涕的女人一起走完那長長的甬道。我尷尬地扯了一下母親的衣角。不知是不是因爲哭泣有嚴重的傳染性，在我輕碰她抖顫身體的那一刻，我竟也一陣鼻酸，模糊掉了眼前的走道。

母親無聲的哭泣令我手足無措。我從未見過她這樣無聲與無助的掉過淚。她從前的哭泣總要伴隨著振振有辭的指控，連眼淚都有向外放射的攻擊性。在她這無言的啜泣中，我第一次在自己的憂愁與父親的苦悶之外，看到母親的不快樂。我不自覺地伸手摟住了母親的腰身，感覺著她仍在抖動的身軀，及她落在我肩上的手臂。

我們就這樣拖拖拉拉地走著。我憶起母親曾對我描述過她初次出國的情景，那機場內到處是一堆堆哭泣的旅人與送行的人。然而在今天這偌大清冷的機場裏，我們卻是唯一哭泣的母女。

阡陌之雪

每當被問及來美國的時日，她就要想起那年的第一場雪——從整個下午氤氳的等待，到第一片雪花的降落。隔窗再望出去時，平日人走車行的巷道，都只剩下白茫茫一片的潔淨了。

裹著于婷立屍身的那枚如繭的長布袋，也和雪地一樣的白淨。

「磨菇雞片。」白膚藍眼的男子對她笑著說，好象說的是他們之間一個不爲外人所知的密碼。她站在打工餐館內的一張桌子前，眼角望見掛在牆角的電視畫面上，有幾輛閃著藍光、紅光的警車。那枚如蛹的白布袋，正被放置在有著滾輪的擔架上，緊緊密封地證實著袋內的死亡。在鏡頭的晃動間，她認出了于婷立的公寓，以及于婷立的窗口。

有時中夜失眠，她坐在郊區舒適的大房子內。聽著丈夫、兒子深深的鼾息，單調且規律，如她一層不變的生活。她不知道那是不是就是幸福。這份她所一直追求的安穩，如果不是幸福，又是什麼呢？

從那年艾城開始，己不知再歷經過多少雪降。那等待第一片雪花的心情，卻格外地清晰，是對人生許多「第一次」的珍惜。大概也不會再有什麼「第一次」等在前面了吧！中年的心情，在無眠的中夜，也只有去細數過去的「第一次」了。

從起座間巨大的玻璃窗口望向漆黑的院落，她仍在揣摩于婷立躺在那枚袋中的表情。他們說她死時，的確穿著那身絲繡的長旗袍。

迎新會時，她冷眼看著于婷立雲鬢高聳，旗袍兩側的叉口，高高地斜裂到大腿的上端。「簡直像是妓女！」別的中國女同學嫌惡地說。

于婷立迎合的目光，時時在怯怯地搜尋，落在保羅的身上，就濺起一片笑意。保羅有一頭金髮，炙熱卻少停駐的目光。頃刻的接觸都可燃起一片火花。

她其實也有愛上保羅的可能，只是她害怕那炙熱中的危險。于婷立卻是撲火的飛娥，挽著高髻，一身絲繡，決絕地走向燃燒的阿房宮。

她選擇的是安穩且無風險的愛情之路。從機場去接了她就天天報到的追求，宿命式的、留學生的愛情。

和陳明宏艾城、明市兩地分離的第三年，他就下了最後通牒。她急忙趕著弄完了論文，草草結婚。反正是遲早的事，兩個人在一起比一個人在一處要節省得多。在異地的寒冷中，誰都想望一個溫熱可以擁抱的異性身體。

她比較實際，因此她活了下來。

「在不痛不癢的快樂，和激烈的痛苦之間，我情願選擇後者。」于婷立曾對她說。那時生命中其實並沒有真正的痛苦。她們頭頂著頭睡在堆擠著四張雙層床的女生宿舍裏，恣意地揣測著未識的人生。想像中，激烈的痛苦必然是和愛情有關的，也必然是浪漫的！要到于婷立出國之後，她才嚐到了「激烈的痛苦」：三年平穩的愛情突告結束。而于婷立越洋的信中卻只有「保羅」二字，並沒有聽她傾訴的餘地。

她仍怕那炙熱中的危險。

「保羅喜歡我穿旗袍。」于婷立說。她的母親從臺北寄來了兩三箱各式各樣的旗袍。「其實我還沒有看過任何人穿了旗袍而不像廉價的妓女的。」于婷立噴著煙圈說。她不扮演保羅的「中國娃娃」時，黑衫黑褲，素面長髮，且憤世嫉俗。那是她記憶中尚未被扭曲的于婷立。

在中年的心情中，在那些不痛不癢卻也算不上是快樂的存在中，她常驚恐地想起于婷立那一身旗袍緊裹住的委屈身影——搔首弄姿，款款輕步。一臉濃彩過豔的裝束，幻化成一張平劇裏紅白相間的臉譜。而那劇中本該寸移的殷紅小口，卻誇張地笑成了一片血紅，連帶扭曲了頰上兩片原應靜定的腮紅。

「我也不知道爲什麽要這般委屈求全。」素面的于婷立脫一下那身可笑的旗袍時，竟然仍是一個清醒幹練的現代女性。

「我想那也許就是愛情吧！」她才清晰的思路又迷濛起來。

她們都知道她和保羅根本沒有未來。只是她不能忍受兩個人在燃燒的熱情中卻不能正視明天的窒息感覺。也許她自己一向珍惜的是實際的婚姻制度，根本無關愛情。于婷立卻心甘地把自己縮的很小很小，只爲能把保羅「仰望成巍然」。她仰慕且溫馴地微笑著，像一枚毫無皺摺且盡心凝結平滑于面表的磁娃娃。

于婷立原本只是一尊道具，溫婉地裝點著保羅的詩歌朗頌會。她是詩人保羅「東方時期」的獵物，頷首低眉，集所有東方女子的委屈于一身。東方之美是順服之美—對西方之順服。順服到了極致就是死亡，如蝴蝶夫人無怨無悔地把刀刃刺向自己的小腹。（平克頓從屋外疾疾跑來，口中焦急地叫著：「蝴蝶！蝴蝶！」他的心中雖有悔恨，蝴蝶夫人卻必須要死，帶著委屈的殉情乃是順服之美的極致。）

于婷立的死完成了保羅「東方時期」詩作的高潮。

那日，她曾在「磨菇雞片」驚異的眼神中，衝向餐館的後房，急急撥了于婷立的電話。一個粗聲粗氣的男聲傳來，先不客氣的問她的名姓。她倉惶地掛了電話。

後來有兩名警探到餐館找她。是她那急急掛上的電話所佈下的線索。

「千萬不要多話，省得惹上了麻煩。」陳明宏再三向她告誡。陳明宏一向沈穩、精算，永遠不會惹上麻煩。于婷立卻是撲火的飛蛾，早已不是他們世界裏的人了。

「妳是否知道于婷立已懷有身孕？」警探粗聲問她。在婷立兩字後面稍做停頓，並輕聲地歎息，彷佛那是一枚繞口討厭的字眼。

她望著那幾張殷切的面孔晃動在閃著飛雪反影的四壁之間。「于婷立當然是自殺而死的。」她心中笑著說。蝴蝶夫人只能有這樣的結局。這些警探如何枉然地想製造一個奇情的謀殺案，好供呆滯的小城居民享用——一具身裹絲質旗袍的東方豔屍，真虧他們想得出來！

于婷立打電話來時，雪花已飄了一、兩個鐘頭了。于婷立的笑聲如鈴：「怎麽樣？第一次看到雪的感覺如何？」並約她一起外出玩雪。

于婷立把車子開到艾城之外的珊城。她還約略記得秋天自機場開車進小城時曾經過那個由幾個農莊拼湊出的小城。小城有著怪異的名字，在一片如海的玉米田中，居然取名爲「珊瑚城」。

入冬後的玉米田已是一片平坦，滿覆了積雪之後，連接農莊的阡陌早被埋藏。失去連線的農舍卻真像是飄浮在雪海之中的珊瑚了。

她們在田間走著，留下許多腳印。

于婷立那天有著異常的快樂。也許就在那時她發現自己懷著保羅的孩子。

她離開艾城的時候，大家正忙著組織遊行的隊伍，抗議中美斷交。她惶惑于空氣中充滿的「背叛」的指控。（于婷立的葬禮，卻只有一、兩個代表性的中國同學出席。）遊行那天飄著微雪，冷清的校園中浮沈著零星的旗牌：「抗議卡特出賣臺灣」，「中美友誼長存」。忠誠與背叛正忙碌地彼此辯證。

只是焦慮與動盪一下子掉入了他們緊密內聚的社區之中。念歷史準備回饋鄉梓的大個兒，突然轉去了電腦系。家中有命他必須以取得綠卡為最高目標。他成了即將「淪陷」的臺灣家人的唯一生機。公費到期必須返台的張生，突然變成了激烈的愛國主義者，他罵那些見風轉舵想轉系好留在美國的人是忘本的機會主義者。也有人撕下張生的面具，亮出他在粉飾的愛國心之下的一片矛盾。

遊行之後，他們手舉著旗牌列隊站在行政大樓前面的階梯之上。雪越下越大，他們間隔極大地站立者，就像失去連線的那幾座農舍。陳明宏領著頭零零散散地喊著口號，細碎零亂的呼聲在飛雪中悶悶地做響。連陳明宏最後孤注一擲的一聲「中華民國萬歲」也沒有激起他所預期的回響。

那樣的場面好似比于婷立的喪禮更加悲戚。

她在離去的灰狗車站，遙遠地想著這個小城，以及這一群她將永遠不再見面的同是流浪于異鄉的遊子。在飄雪中圍爐吃著火鍋的鄉情裏，在就將成為陌路的昨日，他們原是互相親愛的家人。她一直記取著這樣的離情，永遠不能思解出任何意義。

那年秋天，于婷立的聲音還如加州的陽光一樣的燦麗：「妳一定要來見見保羅。」在她還盪漾在時差中的鄉愁裏，急切地撒下一片燦然。

保羅有一頭金髮，眼中放射著炙熱的火焰。

「于婷立怎麼有資格做學生會的會長？和洋鬼子同居著呢！」流言混合在吹過玉米田的秋風中。她在眾人咬牙切齒的憎恨中，追思著大學時代的于婷立，甚至有著悼念的情緒。

和陳明宏及其它中國學生在一起的生活，是容不下于婷立的。陳明宏說于婷立是一股壞的影響。怎麽壞法？只是因爲于婷立在沒有一紙婚約的公證下，就公然與人同居？

她不也經常留在陳明宏的住處，直至深夜？兩個溫熱異性身體的糾纏撫觸毫無保留，卻仍要守住最後一道關口。她像所有好女孩一樣，必須要告訴陳明宏她不願在婚前有那樣的逾越。兩個人爲了那一張法律上的婚證，都必須「技術性」地保持處子之身。然而她對自己這般的虛僞，只有更多的羞慚。當陳明宏拭去留在她腿間的一片黏濕，而對著響徹水聲的馬桶說：「又浪費了一大堆我的子子孫孫。」時，她只有著無邊的厭惡。和于婷立相比，她是如何背棄著自己的感覺與慾望，寡廉鮮恥地只爲了保有那虛假卻必需印證的完整——她是如何不顧一切地企圖維繫住那粗鄙的貞節的象徵，好贏得如陳明宏這類男子的敬意。然而，他們所在意的也只是可以檢視的身體上的完整吧！感情上的完全呢？

她于是並沒有加入恥笑于婷立的行伍，因爲她根本不能確定自己有任何道德上的立足之地。在于婷立那一無反顧的愛情之前，她只有自嫌的餘地。然而她仍妥協地與陳明宏那一班人一起，逐漸和于婷立離得很遠。她怕失去和陳明宏這一段可能踏向婚約的關係。

保羅終究沒有參加于婷立的葬禮。據說在于婷立的父母前去整理遺物之前，保羅就徹底地將自己的物件，自他與于婷立共租的公寓中搬出。如果不是其他中國同學忍不住的多語，于婷立的父母根本無從知道女兒生命的這一段。在知道保羅之後，于婷立的父母就向辦案的警探堅持著女兒是自取性命，想免去解剖驗屍的那些步驟了。傳言說，她父母甚至心切地假造了一份于婷立寫給雙親的遺書。于是不懷好意的人就開始揣測，于婷立父母所極力要遮掩的，其實是于婷立懷有身孕的那件事了。

她沒有再見過保羅。保羅其實是連平克頓都不如的。他並沒有悔恨地叫著蝴蝶的名字，卻只是順手一揮，就把那枚已釘死的蝴蝶標本掃進了採集標本的大袋之中。于婷立到頭來，卻連一個「一九七七—七八」這樣的年份的牌位都沒有。那隻被釘死的蝴蝶，緩慢下了還在振展的雙翼，順服地安靜下來，完成了那最終的封凍的淒美。

保羅是否知道于婷立懷了他孩子？就算他知道又會有什麼不同呢？他難道會感動地娶于婷立爲妻？那其實又會是于婷立想要的嗎？

「藝術與家庭生活是絕對衝突的。保羅結婚之日，就是詩人保羅死亡之日。我愛的是詩人保羅，怎麼會想用婚姻的約束去扼殺他呢？」于婷立說這些話時，她也只以爲那是于婷立在得不到婚約的保證下所刻意想出的自慰的話語。

于婷立和保羅在他們各自的愛情的神話裏，也如那些失去通道的孤寂的農莊。而她和陳明宏呢？這麼多年之後，在她中夜的無眠裏，在他和平飽足的鼾息聲中。他們也早已失去了曾經連接的網路。

多年來她少在陳明宏面前提起于婷立。只是她不甚明白陳明宏他們爲何能無故地對于婷立生出如此重大的反感。難道是所謂的「義和團情結」？如果于婷立也和他們一樣地僞善，在和保羅的關係中，做一個「堅守貞節」的「好女孩」，也許她反而要贏得「感化夷狄」、「親善大使」那一類的頭銜吧！只是于婷立選擇了忠於自己的生活樣式，于是成了一個媚外且寡廉鮮恥的娼妓。

或者陳明宏他們害怕的其實是于婷立那一往直前的熱情，正反映出了他們自己的貧血與欠缺？

她在步向中年的人生路上，委屈求全的時刻也常常憶起于婷立撲火的姿態，還有她早夭的壯烈的悲情。她自己是一位刻意求全的生還者，所以她仍過著正常平穩的生活—舒適的大房子、三個智商中上的子女、兩份差強人意的工作……

這是不是一種不痛不癢的快樂呢？她只覺得越來越怕思索「欠缺」這一類的問題，她那平穩的生活只能閉目前行，卻絕不能向下挖掘。

「十五年了！」在人們屢屢問起她來美的時日時，她已習慣于做出這樣的驚呼，好像自己也相信了其中令人不可思議的部分。那一場雪仍時時在她心中下著。在一片白色的迷濛之中，浮起了名叫「珊瑚」的城鎮，還有她和于婷立在雪地裏踩出的零星的腳印。那些暫駐的印記在一片雪海中卻仍連綴不起四散孤立的農莊，而最終也和田間的小路一般，歸于白色的原始。在漫天的白雪中，她不能輕易拭去的，仍然是那一枚浮在空中，裹著于婷立屍身的如絲繭的長形布袋。

寂寞的街道

睜開眼時，屋內已滿是陽光。拉下的百葉窗簾，再也遮不住透亮透亮的天光。不知是什麼時辰了。至少也有十點、十一點了吧！這樣子醒來，倒是乾脆，好像什麼疲勞與煩心的事，一下子都給曝掉了。眼一睜，就可以起得了身。

站起來的那一刻，才覺得仍有時差造成的疲勞。只能慢慢地移動著身子，稍快一下，頭就劇烈地疼痛起來。人到底是老了，一次比一次恢復得慢。來到木蘭家都快一個星期了，還是不到正午起不了身。下個禮拜起該調好鬧鐘，早早起身。木蘭好像提過，下個禮拜起，小薇就要待在家裏，不去幼兒院了。

臺北現在正是午夜吧？該是星期幾了？這個時間換算，我老是弄不清楚。木蘭去年還買了一個換算時間的大轉盤送我。密密麻麻的字，我的老眼是看不清了，而且都還是英文。反而因爲那個禮物，我倒不怎麼敢老是問木蘭臺灣的時間。她老不高興的，不但覺得禮物白送了，還覺得我怎麼老記掛著臺北，人在心不在。

我怎能不記掛臺北呢？臨上飛機時，紅玉的老二還發著高燒。可憐的孩子，才幾個月大，別給燒壞了才好。定國的公司又鬧著要裁員，也不知輪不輪得到他。萬一真給裁了，他們怎麼生活？興國和麗梅兩口子，也不知和好了沒有？前陣子離婚都出口了，真是造孽，孩子都有兩個了。

比起弟妹來，木蘭算是少要我操心了。我要是不來，小薇大概還是能送育兒院。就是木蘭心眼多，又埋怨我偏心，幫紅玉帶了兩個，卻一點也不幫她。她總忘了申申小時，我來幫過她兩年。也難怪，申申轉眼都要滿十歲了，大個頭兒，怎想得起他還是娃娃的樣子？原以爲木蘭不會再生了。那幾年勸她，想要再生，就要趁早，年輕力壯也好帶孩子。他們總有成串的理由，要等哲明薪水高些，要等房子大些，要等木蘭工作穩定些。一拖拖了八、九年，才生下了小薇，哲明頭髮都半白了。現在的年輕人，真叫人不懂。比起我們那個時候，他們已經在天堂了，怎麼會沒有生孩子的條件？我每次提起這事，木蘭就要和我發脾氣。「你又要提那些老賬了。」她總跺著腳抗議：「我都聽過幾百遍了。從我們小時候你就說起，一直說到現在。」然後她就嘟個嘴，氣呼呼。

我當然只有閉嘴。其實那年木蘭當著大夥的面，和我爲這事大吵過後，我總是謹慎得在她面前不提從前。但仍有些時候，一不留意，話又溜出了嘴。到我這年記，在兒女面前，不講從前，講什麼呢？

那次大概是木蘭的兩個要好的同學來家玩吧！木蘭從來不肯帶朋友回家，總嫌家裏寒傖。她們沒來以前，我還大大張羅了一番，就怕丟女兒的臉。兩個女孩，倒是很懂事的模樣，幫忙這，幫忙那。倒是木蘭，緊張得木手木腳。吃飯時，大家東聊西聊。兩個女孩都是本地人，對大陸的事好奇得很。話匣子一開，我就直講到從前，也沒有注意到木蘭那麼坐立不安。那個叫倩倩的女孩，聽得來勁，還信口對木蘭說：「趙木蘭，妳媽媽好有意思啊！」我大概也給誇得有點樂了，又講起木蘭他們小時候的事——那些苦事。倩倩聽著好像很感動的，接著又說：「趙媽媽，妳真是偉大。」沒想到那一句話，卻惹得木蘭大發起火來，她大叫著對我說：「好了！現在誰都知道妳是個模範母親了。妳能不能就收斂些，少賣過去那些苦事。」

我聽著那些話實在生氣，也大聲地對木蘭叫嚷起來：「妳這是什麼意思？我們只是閒話家常啊！」

「閒話家常不能說別的啊？盡要提這些幾百年前的事，苦哈哈的，有什麼好聽？」

「木蘭，妳可別忘了，這些不是幾百年前的事，是近在眼前妳小時候的事。」

「妳天天這麼嘮嘮叨叨的，我怎麼可能會忘記。小時候的苦也是沒有辦法的事，妳這樣天天挂在嘴上，就好像是我們欠了妳一輩子，怎麼樣也還不清的。老實說，將來我有能力總會報答妳，但是請妳不要再這樣一天到晚翻老賬，要別人不停地對妳歌功頌德。」

倩倩對木蘭說：「趙木蘭！妳怎麼這樣和妳媽講話？我覺得伯母講的故事滿好聽的。」

木蘭紅著眼說：「妳又沒在裏面，當然好聽。愛聽妳去聽好了！」

木蘭賭氣離開飯桌，把自己關在僅有的另一個房間。倩倩她們尷尬地不知如何是好，反而一再地向我抱歉。

我當時是氣極了，也有幾天沒和木蘭說話。後來想想，也真不能怪她，他們小時候實在太苦了。

拉起百葉窗，陽光一下子撲了進來，又是個大好天氣。臺灣現在正是梅雨季節，到處濕瘩瘩的。也是決定這時候來美國的原因之一。這兒正好相反，乾得不得了。來了兩天，全身皮膚都乾得成了白片片兒。又不習慣像木蘭他們那樣，全身擦著乳液，黏瘩瘩的。

木蘭搬到這個房子已有兩年了。房子夠大，才決定生了小薇。房子不光是夠大，簡直是太大。大得叫人有些害怕。他們不在家時，我就關了房門，待在自己的房間。房間裏有個小浴室，除了吃飯，是可以不出房門的。房子有兩層，我住在底樓唯一的臥室。木蘭一家住在樓上。雖然隔開了像是兩家人，但是獨立一點也好。木蘭從前那個房子，就只有三個小房間，全擠在一塊兒。哲明在美國長大，作風比較大膽，夫妻倆親熱，也不避諱，我總不知該藏到那裏去。

不但房子大，前後的草地更大。鄰居的房子被推到老遠。白天裏一點聲音也聽不到。才來的第二天，陽光特別好，也心血來潮，出去走了一圈。長長的巷弄，一個人也沒有，越走越害怕。快快轉回家，關了門。家裏也是一般地冷清。才來了，就想臺北人擠人的街道了。在美國最不習慣的，就是街上一個人影不見。漂漂亮亮的房子一棟一棟的，卻真像個死城。進了屋子，就想把窗簾拉上，不去看那一條條光溜溜靜悄悄的街道。那天，木蘭早到家，在我房門上呼呼地敲。我打開了房門，看她一臉驚惶，對我叫著說：「妳幹嘛把自己鎖在房裏？整個屋子，窗簾拉得緊緊的，黑漆漆的，我還以爲出了什麼事。」

住眷村的那幾年，鄰居家的聲音，是想聽不到都不行的。這家打孩子，那家夫妻吵架，一天二十四小時，得不到一點清靜。人也真怪，那時候天天做夢想有刻清靜。現在住這寬敞清靜的房子時，又想有些人來擠一擠、吵一吵。

出來前，聽說他們終於要把那眷村蓋成大廈了。都吵了多少年了。眼看著一棟棟的大樓，從四周竄起，破舊的眷村也越來越被圍死了。住著的也都是老人了吧！聽說建了大廈，每戶還能分一層。也許這樣，有些年輕人肯回來住吧！木蘭和哲明回臺北那一年，怎麼也不肯住到家裏，也難怪，他們住慣這麼寬敞的房子。浴室也都連著房間。眷村的老家，還是只有那個老式的公廁。走都還得穿過兩個弄堂。隔壁的陳太太及對街的張太太，雖然不說出口，心中都嘀咕木蘭回國，居然住在街口的大旅館裏。連自己長大的地方都嫌起來。我只好和他們解釋，女婿在美國長大，養尊處優慣了，尤其要講究的廁所，木蘭是嫁雞隨雞，身不由己。

木蘭豈止是嫌棄眷村簡陋，她恨極了一家在那兒過過的日子。一直勸我去住興國定國家，早早離開那兒。四個孩子中，木蘭個性最強，也比較虛榮。她對眷村的日子，只有埋怨。三個小的，有時回憶起那些日子，還能夠津津樂道，嚼出點滋味。木蘭大學一畢業，就急著出國，快快離開這個她生長的地方，她倒也能幹，多年來自食其力，學位念完，也成家立業，我這做母親的，卻什麼也沒幫她。

不過，這四個孩子總算給拉拔長大了。去年，紀哥三十周年的忌日，我把衆親好友請來，算是做了個交代。趙家四個兒女都完成大學學業，成家立業。而我也一路守節未嫁，總算對得起趙家了。

紀哥去的時候，木蘭只有八歲，紅玉才滿三歲。而我自己剛過三十，差不多是紅玉現在的年紀。在醫院病房裏，看著他們把白床單蓋過紀哥的臉，我只能驚惶的大叫。木蘭及定國稍稍懂事，牽著我的裙角。木蘭掉著淚，還直拍著我說：「媽媽不哭，媽媽不哭。」我大哭大叫了好一陣子，他們才把紀哥移開。紀哥的後事，都是部隊裏安排的。我哭瘋了總有一個禮拜，心裏害怕的不得了，不能想像如何去養活這四個兒女。紀哥死於鼻咽癌，醫生都說他的煙抽得過多了。一天夜裏，我發起瘋來，把客廳牆上才掛上的紀哥的遺像，一把抓下，摔個粉碎。心裏真怨啊！他就這樣不負責任的走了。哭完瘋完，現實的生活仍等在那裏要處理。紀哥的一些舊友幫著料理了一陣，也幫不了長遠。有人還來做媒，勸我再嫁，也是一條生路吧！我那願孩子成了拖油瓶給人笑話？一口回絕了。鄰居及紀哥的好友，慢慢送些零活給我做，偶而也有人接濟一下。十多年，也就靠洗洗衣服，縫縫衣服過來了，孩子們半餓半飽也長大了。

孤兒寡母在眷村裏，總也免不了給人欺負。孩子在外面和人吵了架，打了架，鄰居就吵到家裏來，非在他面前打一頓孩子，迫著他們認錯了事。木蘭就是強脾氣，死都不認錯。

打得我力氣都沒有了，她還是咬著牙，不哭也不認錯。每次打孩子，我還不就痛在心裏。等他們睡了，總忍不住去向他們道歉。幾個孩子卻都還爭氣，這麼難的環境，他們也一個個都成器，在眷村就數他們的功課最好。整個村子，也就只有木蘭一個人穿上了綠制服。聯考前，木蘭交不起補習費，天天給老師奚落，說她考不上學校。每個學期，我們也送不起老師什麼禮。木蘭拿著成績單就哭，總說她該拿的第一名給送了禮的同學搶了去。我又能做什麼呢？十多年來，日子過得最好的時候，一天也就只有兩餐吃得飽，那還有餘錢去送禮、去補習呢？

我死後是有臉去見紀哥了。和他做了十年夫妻，卻也只有個把月的時間真正在一起。四個孩子出生的時候，他都不在身邊。撤到臺灣的時候，我一手抱著定國，一手牽著木蘭，在人群中擠了幾天幾夜才上了船。在船上又是幾天幾夜，自己暈得人事不知。到了臺灣，紀哥的部隊一點消息也沒有。我們給安頓下來之後，就天天心焦地等。等到了之後，他卻又是東調西調。就是在臺灣的那幾年，也從沒有過安定的時候。

紀哥活著的時候，就有閒言閒語說他在外頭有女人。我也不去理會。紀哥死後，這樣的閒話更多起來。反正他也是死無對證，愛說的人更沒顧忌。有一年請紀哥一位長官來家吃飯，紀哥死後，他照顧我們最多。席間，他的女眷喝得半醉，瘋言瘋語地說她和紀哥同一條船到臺灣，曖曖昧昧地說紀哥洗過她的腳。定國那時都十三、四歲了，也知一點事，紅著臉生氣。木蘭則死瞪著那個女的。老長官一臉尷尬，也不知如何是好。

紀哥是我堂哥介紹的。結婚前見都沒見過。我爹娘死得早，一直是跟著叔叔嬸嬸過。年過了二十，叔叔嬸嬸才開始急著張羅我的婚事，怕別人嫌話，說不是親女兒他們不費心。二十歲做新娘，在那時已是老新娘了。到紀哥家的那天，屋裏外跑滿了孩子，叫著：「老新娘！老新娘！醜新娘！醜新娘！」

新婚那天，紀哥就喝個爛醉，和他的哥兒們賭錢去了。成了親沒幾天，他又回部隊，東調西調，也沒再安定過。都想不起紀哥的樣子了。堂哥常說他是出名的美男子。大概是衝著堂哥的面才答應下這樁親事。四個孩子中就數木蘭最像爸爸，長得也最體面。

漱洗完畢，肚子倒有點餓了。這是好現象，可能時差漸漸恢復了。走進木蘭家巨大的廚房，到處安靜地嚇人。打開冰箱也找不到什麼可吃的。木蘭家是洋化得徹底。到底哲明是這兒長大的，很少看見他們吃什麼中國菜。冰箱裏也總是些包裝好的速食速食，在微波爐裏轉兩下就吃。我的中國胃還是吃不來。剛來的第二天，還打起精神找了幾塊冷凍豬肉，幾把蔬菜，正正式式地爲他們做了幾樣中國菜。結果卻沒有一個人欣賞。申申一回家就皺著鼻子大叫，說廚房臭死了。飯桌上他也儘量避開那幾道中國菜，像是有毒似的。

申申和我越發疏遠了。語言的隔閡是個問題，但他似乎處處嫌著我。木蘭和哲明也見怪不怪。木蘭說他正値青春期，總有點不太正常。而我總想著他小時候那逗人的可愛樣子，那時候什麼都要外婆。這幾年我還打起精神學點英文，爲的也是能和申申溝通。也許我會一點英文，申申不會那麼看不起我。

其實何止是申申？定國的老大，小時候也是那麼親奶奶。現在見了面也講不到一兩句話。那天到定國家，老大見了面，開口就說：「妳怎麼又來了？要來住啊？妳爲什麼不住到興國叔叔家去住？」定國聽了跳起來就要打。淑媛站起身擋下來，她說：「幹什麼啊？小孩子隨便講的話，你也當真？」定國氣得不得了，指著淑媛說：「都是妳教唆出來的。這樣一點孝道也不懂，將來看誰受罪！」

當初從眷村搬出來，定國堅持要我和他們住。住久了，淑媛就不高興起來。定國只好要興國接我去住一陣子。興國和麗梅兩口子成天地吵架，我住得實在不是味道。恰巧紅玉剛生產，我就去幫著她坐月子。紅玉不久又懷了老二，我也就一直這麼住下來了。紅玉夫婦還孝順，但住在女兒家，心裏還是覺得有點不太對勁。後悔把眷村的房子退了，弄得一點退路也沒有。

翻了半天冰箱，也沒翻出什麼。倒杯牛奶，烤塊麵包吃了算數。在木蘭家的廚房裏，自己真像個小學生，什麼也弄不懂。各樣機器也不知怎麼操作，木蘭解釋得快，我怎麼記得住？自己在廚房裏進進出出了幾十年了，到這兒來，卻是一籌莫展。前天吃了晚餐，就在水池裏一個個碗地洗。申申看了笑得半死，還比劃著叫哲明也來看。哲明也和他一塊兒笑，好象我是什麼古怪東西。還是木蘭把他們斥了一頓。木蘭要我把碗放到洗碗機裏去，又說我不會享福。我還是不習慣把油膩膩、髒兮兮的盆碗，放到機器裏。背著他們，我仍愛一個一個碗兒抹著洗，洗得踏實些。洗衣機我也用不慣，總要用手洗一遍才算數。這個摩登的家，活像個太空艙，充滿各樣發亮的機器。一切卻都似隔了一層，手摸不到，心中真不舒坦。

由飯廳望出去，正看到對街的房子。也是大門深鎖，一點動靜也沒有。屋前的街道在刺眼的陽光中泛白。我仍忍不住去拉上窗簾，遮掉那一條條寂寞的街道。街道少了行人，就好象死了，叫人不忍去看。拉上窗簾的大廳雖然黯淡些，卻沒有那冷清的回聲。有時太安靜了，自己的耳朵反而給刺得發酸。下星期有小薇在，這個大屋子該會熱鬧些吧！

九龍車站

(一) 遙望

十幾個小時的暈眩與嘔吐使我初下火車的腳步，微微顫抖著。跨過邊界的九龍車站，一直是想像中的另一個世界。在強烈的豔陽及熙攘的人群中，我需要時時闔上疲憊的雙眼。外面的世界，原來是這樣的充斥著音色。我摟緊自身沈舊且灰暗的大衣，恍惚又感到鄉間十二月的冷冽北風忽忽吹來。在這吵雜的亞熱帶氣候裏，突而憶起自己孤女的身世。我不停地拭淚，又深怕矇矓的雙眼，錯過了隨時可能在人群中出現的您。我自幼即是個不易落淚的孩子，您離鄉的那年，我也強忍住了眼淚，低著頭，靜靜地望著您手中晃動的皮箱，漸行漸遠。奶奶常在人前誇我這段，又心疼地把我的堅強，歸諸於我一出世就沒有了母親。

直到前年接到您的第一封來信，多年來未曾輕流的淚水，如還債般地泉湧而至。多年不再思索的身世之想，縈繞滿懷。望著您信中所附的「全家福」照片，靜靜地覺得自己一身子然。您恍若隔世的容顏，在五彩的照片中微笑著。我在塵封的記憶中，試圖找尋四十年前那個影子。多年來努力遺忘的企圖，到底抹淨了四歲孩子腦海中那一點點可憐的記憶。對照片中的「弟妹」們，我該有絲妒嫉嗎？他們臉上的笑容與幸福，好象來自另一個與我無關的世界。

數十年來，我努力站穩腳步，去對付一波接一波的政治風浪。除了因爲「海外關係」而被批鬥，後又因爲是「臺胞家屬」而被優惠外，我很少想到您。四歲時攢積下的您的影像，到底不夠四十年的花用。幾次抄家後，家中早已不存您的相片。初時幾年，奶奶仍不停地說您會回鄉接我出去。土改之後，我們也就不再提這事了。土改的磨難，改變了這個世界的顏色。您是已踏出這個世界的人，和我們也了無牽連了。那年我七歲，看著爺爺奶奶被批、被鬥、被關在大牢裏。我僅留一身破衣，被掃地出門，沿街討飯，偶遇些善心的人，也只能偷偷施捨。

和爺爺奶奶再團聚之後，大家也閉口不提起您。您後來的行蹤，偶而只像謠言似地流傳。傳言說您去了臺灣。

我也輾轉在衆多的叔伯姑姑家中過日子。高中畢業，由於成份不好，也沒上成大學。叔叔姑姑一個個也都成家立業。我飄來飄去，總不覺得是任何家裏的一份子。遇到徐業，我們就匆匆結婚，算是有了自己的家。

去年妹妹由美國來信，要我想想到香港會親的可能性。自此我就經常失眠。把自己這四十多年的過去，像本書似地翻了又翻。各樣的驚恐及傷害，早以爲可以忘卻了，卻又一頁頁地寫在心頭，想像再見您時，怎樣地向您述說。

我常年有偏頭痛的毛病，加上暈車，想到這長遠的距離，真有些畏難。然而，大家都慫恿我成行。年輕的一輩，是期望我這次會親，能爲他們帶回一些資本世界的奢侈品。徐業則以爲此行可以解開我多年心頭的結。而我自己，除了難以自已的傷逝情懷之外，真不確定是否該見這一面。近鄉是否總令人情怯？

九龍車站擠滿了各色各樣的人。有不少如我一般，是從裏面出來的。他們暗色的衣著及惶惑的眼神，幾乎照映著我自己的身影。他們也正如同我一般，四處張望著，在人群中找尋他們失落了四十年的夢。也有拭淚如我者，穿著臃腫如我者。而在大廳的另一端，又是另一批翹首尋覓的人群。在那晃動的人海中，您是否也在找尋呢？

在淚影中我先看到了她，竟像看到了十多年前的自己。而她一手攙扶的，就是年邁的您啊！您正望向大廳的另一端。當她正眼望見我，而漸漸地轉過您的身來，在您回首的那一刻，我再也顧不了身旁吵雜的人群，丟下手中沈重的旅行袋，我飛奔向您。我抓住您的臂膀，緊緊地，再也不能放開。

(二)回首

有幾秒的時間，我竟在九龍車站內的人群中找尋一個四歲的小女孩。兒啊！從那幾秒的恍惚中醒來，這四十年的乖隔，如那站外譁然的烈日，毫不留情地刺痛著我。在人聲與車聲的吵雜中，我必須依靠妳妹妹年輕的手臂，才能站穩我的腳步。

離鄉那年，妳堅定沈穩的小臉，凍結住了這四十年流逝的光陰。我一次又一次地回到妳那雙強忍住淚的眼睛。四歲大的孩子，妳卻已看穿了好些世事。依著奶奶的話，妳靜靜地與我揮手道別。妳沈著地一如妳垂在胸前烏黑的長辮。我轉身時卻已鼻酸。兒啊！誰又能知道這一轉身，就在身後遺下了這挽不回的四十年。

如今妳已中年，已爲人妻，亦已爲人母。而我卻仍在人海中找尋四十年前的那個小女孩。我想從頭來過，看著妳一天天成長的期望，也只能是個永遠無法實現的夢想了。

妳母親生妳時，因難產而去世。妳的到來，帶給我不少的喜悅，卻也因妳母親的離去，增添我許多哀愁。我與妳母親雖是舊式婚姻，兩人亦相敬相愛，共同期盼著妳的降臨能爲這個家帶來更多歡欣。妳卻生而無母，我也失去了愛侶。

由於有大家庭的支助，妳一直得到不少關愛。妳四歲那年，我才能放心地去上海任新職。那時我已結識了現在的妻子，並也已論及婚嫁。到上海不久，我又被調職臺灣。時局開始不穩，我們抵台後，仍然盤算著如何回鄉接妳。然而人算到底不如天算，家鄉在時局一天天的沈淪下，已沒入了另一個世界。在絕望中，我仍時時計劃著如何還鄉，與妳團聚。四十年來，這個盼望卻一直是在心頭啊！

在臺灣，我們的生活並不富裕，但是家庭和樂，還算有個精神的寄託。只是我們這群被迫流放的人，如何能把這個海島當家呢？夢中不斷地回到老家，家中陳設與四壁字畫，一一在目。思鄉之外，又有一波一波來自故鄉的恐怖消息。有多少日子，自己已心灰地以爲妳們早已葬身在不停的批鬥與動亂中了。

這些年開放了些，我才要妳在美國的弟妹試著轉信回去。第一次接到妳的來信及照片時，兒啊！除了老淚縱橫，我還能說什麼？你們都能逃過惡劫，我只有感謝上蒼。看著你們一家的照片，我的心頭，除了安慰之外，有更多的疼痛及憾恨。我如何去彌補這四十年的缺憾？光陰並沒有厚待我，使我能走回從前。妳生而無母，更在多種磨難中，失去父愛的扶持。妳雖性格如妳母親，從不訴苦抱怨，信中總報平安，但從妳瘦弱的身軀及蒼白的臉孔上，我看到了妳這些年來歷經的風霜艱苦。

從知道妳能來港會親之後，我一直是悲喜交集。再見面也是枉然，我愧疚的心情，只有更深更重。然而知道能見面，又怎可能不見呢？

妳妹妹低頭告訴我已看見妳時，我慢慢回首轉身。遠遠看見一個身材臃腫的中年婦人向我奔來。妳抓緊我的手臂，手指嵌入我的肌膚。在淚眼中，我看見妳低俯在我肩頭上的一片灰白頭髮。

(三)失鄉

決定安排爸爸和姊姊在香港見面時，哥哥就在電話中試圖勸阻我。他說，見了面又有什麼好處呢？媽媽也不怎麼贊成，她說現在裏面的人總是要錢，而我們並沒有什麼多餘的錢。

哥哥是看夠了大陸人戀物與貧婪的一面，可能覺得我太濫情。自從和裏面聯絡上了以後，哥哥成天接到來要東西的信。每個人都有不同的要求：要冰箱、要電視、要電子計算器，還有的要求保他們來美國。我倒避開了這些煩擾，大概因爲我「只」是個女兒，也或許是因爲我嫁了一個洋鬼子，他們不好和我拉親扯戚。奉承諂媚的肉麻信看多了，哥哥再難相信這裏面還能有什麼真情。

媽媽呢？她是不是對爸爸和姊姊的重逢，有幾分害怕？或許是有幾分妒嫉？那是源自古早後娘和前妻子女之間必有的對立。我已不記得什麼時候才知道有個同父異母的姊姊在大陸。家裏從不明談這事。默默之中，這就成了禁忌。大家都直覺地知道母親並不怎麼樂意談這件事。恐怕還是白雪公主一類童話洗的腦吧！使得世上的後母都無法心誠意正。其實，除了這個後母情結外，母親心中更大的結，恐怕是父親曾婚的事實。第二個太太再強也只不過是「填房」，或是「續弦」。個性好強如母親，怎麼會願意時時想起自己只是補白的第二章？

我和彼得打算結婚時，媽媽反對的理由就是他已結過婚，且有個前妻生的兒子。好像連他不是中國人這一點都，都可以算了。父親則宣稱他反對的理由，全然是因爲彼得不是中國人。但當他們想起我一結婚就可以容容易易的留在美國時，又肯妥協地退一步了。也許，他們想通了之後，覺得這樁婚姻也不是全然沒有可取之處的。

父母一心想要我們留在美國的心理，也並非全是崇洋媚外。如果他們真的只是這樣勢利，也許我能反抗得比較容易。失去大陸的故鄉之後，臺灣在四十年後仍不能成爲他們的第二故鄉。既然不能認同那個海島，他們也就從不鼓勵我們在那兒生根了。我們是在他們失鄉的惆悵中，被迫放逐到他們想像中是海闊天空的美國。事實上，我們這一代的流浪大概也不能完全算是被迫吧！他們那飄泊且無以爲寄的心情，多少自幼就感染了我們。離開那個把我們叫成是「外省人」的土地，也就不是多麼困難的事了。然而一如我們的父母在海隅的島上，懷抱著已近乾澀的鄉情，卻仍找不到植根的土地，我們在太平洋對岸這個異文異種的土地上，飄泊也就是唯一的宿命了。但是，他們倒底還有那個故鄉的夢在，我們呢？我們因爲是出於自願的放棄，沒有那份近似悲劇的情懷，也就比他們更徹底地失去了故鄉。

彼得剛認識我時，嫌我的英文太流利，一點腔調也沒有，不是一個有異國情調的「中國娃娃」。彼得一家四、五代前就定居在這中西部的小城。他自己則是出生在此，成長在此，讀書在此，又就業在此的道道地地的本鄉人。他對我的愛情中，難免摻雜了許多他對外面花花世界的綺麗幻想。我這個東方女子，正完美又現成地象徵著極端的異國情調，順從地獻身給他這長年禁錮在此城中的男子。然而他對東方女子與異國情調所持有的偏執情懷，使他時時抱怨我太過美國化，和他的前妻與其他的美國女友並沒有太大的不同。他感歎神傷起來，簡直有些上了大當的味道。

彼得家是當地小鎮上的望族，若在一般保守的美國小城，我大概也會因「門戶之見」而做不成他家的媳婦的。這偏又是一個小小的大學城，沾染了所謂的「文化氣息」，且在這人心向外的普遍社會風氣中，和東方世界有的一點牽連，常能做爲自己是開明且有文化的象徵。一位來自東方古國的妻子或是媳婦，也就成了一個方便的裝飾品，點綴著他們內容其實閉塞的生活的外表。

彼得的父母和這小城中多數的美國人一樣，對東方的認識還留在十八世紀。他們對我的兢兢業業，常使我覺得自己是一尊博物館裏走出來的陳設，莊嚴陳舊卻不能擁有生命。

但是彼得當初吸引我的地方，竟也是他的家世。他們在經濟上並不富裕，但是他們一家在這小城中經營出的長遠歷史，卻像一棵枝業繁茂的大樹，是飄泊如我的旅人，極想坐下休憩的所在。我對他家的歷史著迷，因爲有許多周圍的實物可以應證。（而我自己的家史中，卻只有流浪的故事，以及深鎖在另一個世界中的我父母的夢。）我最愛的還是他家的墓園。至今我仍能花一下午的時間，徜徉在那林立齊整的墓碑之間，企圖將墓碑上的每一個名字，對應到我曾聽過的故事之中。那林木成蔭的墓園裏，頓然充滿了各樣的，屬於這個人世的溫情。

雖然我對彼得及他的家人可能只是一則迷人的神話，我卻也願意陶醉其中的。那種幾近崇拜的情愫，即便脆弱易逝，卻是清爽天真的。我那時想逃避的，是那些整天只有綠卡、就業這些懸念的中國男孩。我怕面對自己和他們一樣的淺薄。

我們的婚姻如同許多其他的婚姻一樣，是由逐漸的失望堆砌起來。我心中那棵根葉累累的大樹，其實和彼得心中的那則東方神話一樣，都只是幻滅折射出來的海市蜃樓。自己飄泊的感覺仍如一片枯葉。

三年前大陸開放之後，我突發奇想地和爸爸的老家寫信。舊人舊址，我懷抱的怕也只是一絲尋幽探勝的心情，並沒有指望回音。意外的是，第一封去信，就換回了姊姊的一封信。接到信後，立刻襲來的，是一股時空錯置的恍惚。父母夢囈中的故鄉，竟然實實在在地存在在這個世上。在我的幼時教科書中官樣文字所描畫的沒有音色的故鄉，突然送出了一箋寫著「親愛的妹妹」的信。握著那頁泛黃粗糙的信紙，我在自己的感覺中，找尋該有的反應，卻只觸摸到一片空白。那陣茫然，使我憶起了第一次吃到大陸出產的罐頭時的心情。父母在追憶中，對大陸美食的誇大形容，使我第一口的初嘗，就成了徹底的失望。那一頁信紙，正如那隻吃不空的罐頭，驚醒了一段陳久的夢境。

我從此成了海峽兩岸的交流站。父親和姊姊的信，卻和許多範文選讀的例子一樣，充滿了固定的格式以及誇張卻已失獨特意義的辭藻。形容親情睽違四十年的哀痛，也可以在示範文章裏去找一定的文句。而那些文句因爲久用，早已磨光了任何激起感情的可能性。抑或是這樣大的哀痛，早已超乎了語言之上，任何使用語言表達的企圖，都逃不脫落入陳腔濫調的下場？

去年，我和彼得有了我們第一個孩子。他是一個好父親，又有做過父親的經驗，照顧起嬰兒來，竟是條理分明，一絲不紊。看著他效率十足地換尿片，爲嬰兒洗澡，我卻生出一股莫名的哀愁，悼念他在利練沈穩中所失去的癲狂。也許我情願他和我一樣，忙亂地不知所措，卻有那份初爲人父的狂喜。我隱約地觸摸到了母親四十年前的恐懼。

孩子是十足的美國長像。初時的幾個月，望著他絲毫沒有自己影子的小臉，仍忍不住喜悅地淚下如雨。就在這初爲人母的滿溢的喜悅中，父親和姊姊信中所交換的那些我原認爲是濫情的言語，竟時時在我腦中浮出。在一個搖著孩子入睡的午後，我突然看清了父親眉梢上常在的那絲哀愁。我哽咽地憶起在他上一封平淡的信中，問及姊姊老家壁上原來懸掛的一幅字畫。在孩子均勻的呼吸聲中，我聽見了父親心中迴響了四十年的寂寞。我決定安排他們在香港見面。

彼得並沒有陪我到香港。他雖時時幻想外面的廣大世界，卻已被禁個在那小城太久，不能毫無恐懼地自由旅行。

我們在香港的旅館中，等待著姊姊的到來。由於購票的艱難，她無法預告行程。母親也隨父親到了香港。除了是基於四十年的習慣，她無法離開父親一日之外，她同時也不想造成任何她不願見到姊姊的印象。

那幾天，父母之間存在著緊張又尖銳的關係。母親比平日更加倍的要索父親的注意力，而一向沈默依順的父親，卻有幾次無法自控地暴怒起來。

那天下午，電話鈴突然響了，話筒中傳來姊姊濃重如父親一般的鄉音。她已到了九龍火車站。

我和父親坐計程車趕去。在巔蕩的車座裏，我不忍地強把目光從父親不斷抖動的雙手上移開。我想著九龍車站裏的紛擾與吵雜，想著那裏可能日日在發生的這樣的重逢與離散的故事……。

遠遠地我看到她，緊張地四處張望著。她清瘦的臉龐，像極了中年時的父親。我輕拉了一下父親，轉過他的身來，用另一隻手指向姊姊站立的方向。

當他們緊緊擁抱之際，我聽到姊姊細碎的啜泣聲。我靜靜地撿拾起她奔向父親時，丟棄在地上的旅行袋。我在他們擁抱的外面，想著地球那一端彼得家的墓園，邊界那一頭父親老家壁上我不曾見過的字畫，還有我自己失去故鄉的沈沈的悲哀。

宴會之後

最後一輛車子的尾燈，也在巷口消失了。吳紹迪夫婦兩人舉在空中揮動的手，垂了下來。劉亞梅在夜涼中，突然覺得丈夫搭在自己肩上的手，生生冷冷地僵硬在那兒。返身進屋，迎面見著的是起居室的一片零亂。

劉亞梅走進廚房，對著一池子山高的碗盤皺了皺眉頭，下意識地打開了水池上方的一扇小窗。風吹進來的是黑夜中沈澱地很深的寂靜。剛才那一屋子的人聲，好象根本不曾存在過。

紹迪必定又回書房去了。開啓的小窗放進了樓上悶悶的電視聲。亞梅才猛然想起大概已熟睡在地下室的愛咪。她拉開了通往地下室的小門，刺眼的亮光，延著陡峻的階梯，一箭步地刺到她的眼裏。地下室滿地的玩具，在白晝似的日光燈下，泛著各樣的顏色。愛咪歪斜地躺在小桌下面，好像是在玩一個遊戲的途中突然睡去，她的手腳模擬著一個奔逃的姿勢。

亞梅費力地將愛咪抱起，一步步地走上樓去。孩子身體碰床的那一刻，突然睜大了眼睛，清醒地看著亞梅，搖了搖頭說：「媽咪，我不要嫁給邁可。」亞梅笑了笑，揉搓著愛咪的頭髮：「那來的怪念頭呀？」愛咪搶著說：「邁可說媽咪和爹地都要他長大和我結婚。我才不要，邁可搶我的腳踏車騎，他是壞孩子！」亞梅心下不免想著，真要提醒紹迪，別老在邁可父母面前開什麽做兒女親家的玩笑了。在她的輕拍下，愛咪睜大的眼睛又漸漸闔上，呼吸也均勻起來。

帶上愛咪的房門，亞梅在走道上另一扇關閉的門前，安靜地站了一會。悶悶的電視聲隱約可聞。除此之外，倒是一片寂靜。她在門上輕敲了幾下，推門進去。吳紹迪盤坐在對著門的安樂椅中。電視其實是朝著另一個方向。

「今天的菜好吃吧？」亞梅問著。紹迪開始搬弄著一本才由書桌上取下的書。

「妳的菜那有不好吃的。」紹迪回答。由於語氣中的情緒太稀疏了，聽來竟有些諷刺的味道。

亞梅沒好氣的就說：「人家忙了一天，可也換不到一句好話啊！」

「妳又來這一套了。我不是說菜很好嘛！妳還要我怎麽樣？」

「好話還不是我要來的。你就從來不肯主動說點什麽。爲了請這個客，我從上個禮拜就張羅起。臨了，我連個謝字都聽不到。」亞梅說著，情緒也上來了，最後一句話竟帶了點嗚咽。

「夫妻間有什麽好謝來謝去。妳也知道我心裏感激，掛在嘴上多肉痲！」紹迪大概也給亞梅那似有似無的嗚咽聲給軟化了，口氣中多了不少安撫的意思。

「我可從來不知道你心裏有什麼感激的意思！」亞梅抓著機會，狠狠地回了一句。

紹迪不再出聲，只專注地翻著手裏的書。亞梅溺在自己的情緒裏，也回轉不過來。電視的聲音在四壁間回響著，影像在對著街的一面窗上搖搖晃晃。

良久，亞梅想起又說：「對了！以後少在黃家面前開什麼要做兒女親家的玩笑。小孩也漸大了，聽了不大好。」

「小孩懂什麼嘛！」

「怎麼不懂？邁可是逢人便告，要娶我們的女兒。」

紹迪聽了，裂開了嘴笑。亞梅看了覺得自己是太過氣急敗壞了，也跟著輕笑。

「其實還不是開玩笑，邁可那裏配得上我們的女兒？」紹迪接著說。

「你既然沒那個意思，又何必開那個玩笑！」

「沒話找話講呀！大夥在一起還不就是這樣言不及義，打發時間，還會說什麼真心話。」

亞梅沒再接腔。紹迪又低頭翻起那本書來，認真地好似想一口氣讀完。電視裏傳來一陣女人的笑聲，紹迪也沒有擡頭。

沈默在微冷的書房裏，越長越大，越來越令人窒息。

亞梅起身關上電視。紹迪擡了一下頭，卻也沒說什麼。

「我想帶愛咪回臺北。」

亞梅說完卻給自己的聲音嚇了一大跳。紹迪也終於擡起頭來，望著她。

亞梅完全是臨時起意，既然也得到了紹迪的注意力，乾脆就一不做二不休了。

「愛咪都六歲了，我也有六年沒回去。上次是六年前吧！」亞梅說這話時，緊緊地盯住紹迪，最候一句話的結尾還帶了一點冷笑。紹迪回避了她的目光。

六年來，回臺北這件事，幾乎成了他們之間最大的禁忌，誰都不敢提起。亞梅也不知道爲什麼偏偏選了今晚去掀這個瘡疤。

「我這次回去，希望回來時還有老公在！」亞梅冷冷地說。

紹迪翻書的手開始零亂起來，還是不肯接腔。

「六年前的事如果再發生，吳紹迪，我可不是六年前的我了，也不會那麼便宜你。」亞梅說著，竟流下淚來。

「妳這是幹什麼嘛！」紹迪在她的抽泣聲中，懇求地說。

亞梅哭了一會兒，站起身來，走出房去。六年了，不提不講，以爲沒什麼大了不起，誰知道一碰起來，還是這樣拉心扯肺地叫人疼痛。

廚房池中油膩膩的盤碗，仍然漠漠地立在那兒。小窗引進的涼風，使得廚房的地板也冰涼起來。亞梅不由得攏了攏身上的毛衣。這一屋子的清冷，叫人怎去想像，幾十分鐘前，還有十多個人在此熙來攘往？而適才在人群中談笑風聲，勾肩搭背的她和吳紹迪，現在也就可以這樣樓上樓下地形同陌路。兩人都像剛下戲的演員一樣疲憊。

剛才吃飯時，吳紹迪還對著單身的李立人說：「立人老弟，學我的樣，回臺北相親去。你看相來一個多好的！」吳紹迪說著，就攏了她到懷裏。好讓人羨慕的模範夫妻！她也喜愛那樣在人前的溫存，企圖說服自己仍有個快樂的婚姻吧！那就是她不時就愛請客的原因了。只有透過人群他們才有交集的可能。

她打開水龍頭，讓水空空地流了一陣子。自己的眼淚也不爭氣地直流。原以爲紹迪六年前那一段似有似無的「婚外情」，是自己手裏的一把利器。倒底是他虧欠她啊！然而利器出鞘，先傷的卻是自己。其實她找到的也只有那一封言辭曖昧的信。吳紹迪否認的很模糊，使她害怕地不敢再去追問。而這事卻在兩人經年的沈默中，滋長了它的真實性與嚴重性。

六年前，她也沒有做什麼，沒有出走，沒有鬧離婚，現在又能做什麼呢？亞梅如是想著，也就擦幹了眼淚，一個碗一個盤地洗將起來。

吳紹迪回國相親的那天，她妝扮的像個櫥窗中待價而沽的洋娃娃。她永遠都知道如何舉手，如何投足，如何自低垂的眼睫下拋出一波羞澀，以燃起對方的希望之火。是的！她知道如何「製造」印象，如何空手擒住一個男子。然而在征服的遊戲結束之後，她卻不知如何與那男子一起生活。他們的婚姻少了什麼呢？亞梅也說不上來。但卻總有一道矮牆，橫在他們中間，她跨不過去，只看到丈夫冷冷地站在另一邊，也不伸手拉她一把。但他們不也是人人稱羨的模範夫妻嗎?紹迪除了那次小型的「出軌」之外,也真沒有什麼不好了。但是像今夜,這宴會之後的寂寞與冷清,又怎麼說呢?她爲何突然痛恨地想用六年前的事來刺傷他?爲何他們只能在人群中活絡地深情款款?人群散後,他們的婚姻卻如金馬車變回的大南瓜,灰樸而平凡。難道他們最深的恐懼,原來竟是面對彼此,而只能依賴那一個接著一個的宴會?

碗盤齊整地放在洗碗機中時,亞梅的心情已經好得多了。走出廚房,一眼瞥見牆上的日曆,下星期又有另一場飯局呢!她走上樓去,早已不想回臺北的事了,心中盤算的,卻是下一個宴席所該有的菜單。

如風的小名

站在車亭下面，盛夏的豔陽包籠著她。空氣卻是濕濁與沈重的。她已忘了臺灣的夏天是如此的濕熱。回頭望望小煦，這個美國長大的孩子，卻還沒有被那兒優越的生活條件寵壞，仍是怡然自得地躺在娜娜的懷裏，被娜娜一陣陣的親吻，逗得咯吱咯吱地笑著。

「這次回來竟是爲了小煦和娜娜的重逢。」她心裏想著。從機場見面那一刻起，娜娜就沒放下過小煦，週而復始地問：「小煦記不記得阿姨。」娜娜接著就是十幾個吻。

小煦出生時，除了醫院裏的人，第一個見的就是娜娜。陳剛正在剛接手的餐館裏忙得不可開交。事後，陳剛還半責備地對小煦說：「怎麼就撿著餐館最忙的星期五出生？」接下來的星期六，又是個餐館忙碌的日子。小煦出生了兩天，才見著父親的面。娜娜陪在醫院裏，小煦由護士抱進來的那一刻，她竟哭得淚人似的。弄得護士有一刻以爲她才是嬰兒的母親。

娜娜那時已有二十六、七了吧！是悲泣自己在婚姻愛情上的一片空白？還是感泣於生之喜悅？從此，娜娜在課餘也成了小煦的褓姆。娜娜決定回臺北的那一刻，竟又像初見小煦時一般哭了一場，真如捨棄親子般的悲戚。

得到她們將回臺北的消息時，娜娜興奮得什麼似的。她癡情地說與小煦已有三年零十天沒見面了。娜娜如今已過三十，婚姻愛情依舊空白。飛機場見了小煦，仍免不掉一場哭泣，似乎小煦象徵著逐漸自她生命中消失的可能性。

娜娜是她低幾班的學妹。那時明城初見，娜娜正艱苦地讀著她的藝術學位。她清楚地看見自己數年前的影子，及一直沒有完成的學位，說不上是惺惜或是嫉妒，她開始和娜娜交往甚密，娜娜也開始在陳剛的餐廳打工。完成學位之後，娜娜決定回母校任教。今天特別帶了她來，看看母校新面目。

公路局的班車已晚了十多分鐘。在美國自己車來車去，竟忘了仰賴公共交通的挫折。由於是暑假，校園十分清靜。此刻候車的，除了他們三口外，只有一個已在凳子上熟睡的男生。沈甸甸的空氣，越發令人覺得難忍。偶起的微風亦後繼乏力，還沒掀動她的裙角，已煙消雲散。

遠遠看到那個影子時，她的心跳就加快了。只有他會踏著那樣的步伐，並那樣晃動自己的上身。在那影子揮手丟棄煙蒂的那一刻，她幾乎全然確定，這是她來母校重遊時，心中偷偷想過千百遍的可能重逢。當那影子越趨越近時，她的雙手在盛夏的暑氣中冷冽著。而身後的小煦及娜娜仍重復著他們千篇一律的對白：

「記不記得阿姨？」

「記得。」

「小煦幾歲？」

「小煦四歲半。」

他穩穩地站在她的身旁，與她已濕潤的雙眼有一秒的交集，而他卻不似有任何反應，只忙碌地吐著煙圈，舉手瞭望遠方尚未出現的公路局車。而在她的雙手漸漸恢復知覺與熱度時，她才醒悟到她的影像並未在他的腦中或心中激起任何回響。她意外地有一絲解放與安全的感覺。他們並立在豔陽籠罩的車亭裏，如同陌路。他的一手擁抱著幾本厚厚的線裝書，一手時而插在口袋中，時而攏絡他一頭細而散披的長髮。她靜靜地想著多年前他們並立這車亭的姿勢，她是如何溫婉地綣伏在他握書之外的另一張手臂裏。

久候的公路局車，終於蹣蹣跚跚地駛入車站。他們依序上車：那個突從睡夢中驚醒的男生，他，小煦和娜娜，以及她。

她選擇了他後面的座位坐下。娜娜抱著小煦坐在走道另一邊的位子上。他的背影清楚地映在她的視線裏，長而細的頭髮中已夾有少許灰白，但卻仍舊柔軟如絲。她不知多少次戲謔地說他長了一頭如女子的頭髮。而眼前這個靜止的背影，熟悉卻又陌生，幾點灰白加上了多少時空的乖隔？他的左無名指上仍然空白。她安慰地覺得六年前，她只是輸給了他正在思考的哲學問題。六年間，是否有其他的女子？

小煦和娜娜仍溫存在他們的重逢裏：

「記不記得阿姨？」

「記得。」

「小煦幾歲？」

「小煦四歲半。」

而這次出奇不意的，娜娜雙眼望著她，竟有了新的對白：

「小煦的媽媽叫什麼名字？」

她立刻坐直了上身，雙手又是一陣冷冽。直等著小煦回答的那一刻，前面一頭的細髮將轉變過來的顏面。

「珍妮弗陳。」小煦鄭重其事地回答道。

她僵直的上身，一下子癱瘓在座椅中。而下一刻她卻想起，若是小煦正確地說出了她的中文名字，前面那個背影，是否有回轉的可能？她的名字是否仍在他塵封的記憶中，占著一個小小的地位？

她憶起了他曾寫的那首小詩：

「你如風的小名
走過簷前
我微顫的心弦
於是唱起一首情歌」

那時他正服役，在他們柏拉圖式的交往中，那是他少數幾次的熱情流露。在她拿到美國的入學許可時，她也知道他不會留她。

仍在懷鄉的眼淚中掙札時，他的最後一封信來了：「我無法再爲我們的愛情奮鬥，我太疲倦……」至少，他終究爲他們的過去定名爲愛情，給了她清朗的失戀的地位。而他的疲倦是什麽？是他對哲學自許的使命感？或是另一段似愛情又似友情的牽連？

陳剛那時出現在她生活中。她曾在他父母的餐館中打過工。他老實地對她說，追求她完全是父母的慫恿，是他父母看中了她。陳剛土生土長在美國，中文的美國腔十足，大學念了一半，覺得反正要接手父母的餐館，沒有必要念那麽多書。他的追求十分直接了當，講明瞭有興趣，兩個人就結婚。她那時淹沒在想家與失戀的眼淚中，陳剛是適當其時的一塊浮木。他人方正木訥，喜怒哀樂都很簡單，不像解決哲學問題那麽龐大複雜。有一次陳剛心血來潮，問起她的中文名字。她寫給他看，他也念不出來。她念了一遍給他聽，他卻說：

「徐煦，多怪的名字，念起來像……」他停了一下，然後勇敢地說：「小孩尿尿的聲音。」

她啞然失笑，卻覺得他的可親。他們一個月後就結了婚。

新婚的當晚，在賓客逐漸離去之後，坐在昏暗的旅館套房中，她忽地有著無比的心悸與恐懼：她竟犯了自己永將不能原諒的錯誤——締結了一段沒有愛情的婚姻。黑暗中，她淚流滿面。陳剛望著她，眼中有著激情及近乎諒解的溫柔。他拍拍她的手，輕聲用英文說：

「如果妳還沒準備好，我可以等。」

婚後，他立即接手了父母的餐館，也就自他們共居的小屋消失，日以繼夜地消磨在餐館忙也忙不完的瑣事中。他們少有爭執，似乎已暗中協定好過著沒有熱情卻平穩的日子，彼此雖不能互愛，卻保證互不傷害。

陳剛的事業還算成功，經濟上夠她隨心所欲的揮霍。爲著平服她學藝術未成的挫敗，她恣意地裝璜自己的家。佈置典雅的家，卻仍處處嘶閃著空洞與寂寥。小煦就在她的寂寞中成孕，出生。小煦出生後，她也沒用心去恢復產前身材，加上用食物宣泄自己的無聊，她的衣服一年比一年大一號。無怪忽娜娜在機場見她時，張口結舌，卻只客氣地說：「妳……發福了。」

或許就是她的身材，他才對面不相識？發福外，六年的歲月在她臉上又寫下多少其他的意義？或許她那不再閃亮著憧憬的眼神，對他是全然陌生的。

車到臺北車站時，他急急起身衝下車門—仍是她熟悉的小動作。臺北更加炎熱，走出車門，濕熱的空氣，一下衝到她臉上，她得用了力才睜開雙眼。他正立在一根燈柱下面，急急用手掌擋著風燃煙。他的雙眉緊蹙，眼神因專注而仍有數年前的天真。煙燃著後，他滿意地又踏起他特有的步伐。立在暑熱中，她見他蹣跚地上了天橋，在人群中越走越遠，直到他的長髮只成一個跳動的小點，而最終全然消失。

臺北車站的人聲喧嘩，漸漸進入她的意識。熟悉的景象及嘈雜，奇異地喚醒了他與她之間的六年歲月，及已漸淡入永恒的陌路。她的雙眼有一刻的模糊。身旁的娜娜仍不罷休地問：

「告訴阿姨，小煦的媽媽叫什麼名字，中文名字！」

傾國傾城

五月的下午真是難熬，空氣中的熱流似乎都迸撞地要發出聲響。這樣的一個午後，能把自己悶到游泳池中可就幸福了。偏偏卜卡薩決定霸道地佔用我們這難得的三個空堂。卜卡薩是我們的英文老師，長得矮矮胖胖，卻是黑漆漆的沒有一般胖子的白皙。那年有個中非的總統來訪，大家發現英文老師和他長得竟是如此的相似，這個綽號可就叫遍了全校。卜卡薩自己卻還不知道自己有個這樣別致的綽號，還以爲就憑他三百六十五天西裝筆挺，一絲不苟，就值大家恭恭敬敬地一聲黃老師。我們在他手下可真是受苦受難了三年。眼看還有一個月就自由了，他卻在這樣的一個下午逮住我們不放。誰又敢說不呢？黑板一角的數位已經不滿五十了。卜卡薩頰上的圓潤都已收斂，大家心中的恐懼焦躁亦都已化入了滋滋作響的熱氣之中。

我不禁羨慕起王寧來了。她那空著的桌椅是這教室中唯一解脫的東西，似乎在熱氣中透起涼快。王寧終於在一個星期之前辦妥了休學。這件事還在學校掀起了軒然大波。這是挺自然的反應，王寧不光在我們信班連續拿了三年第一，平日全校什麼英文競試，數學競試，沒有人能贏得過她的。校長總是一提到王寧就直推著眼鏡笑，我們的導師河馬也陪著堆起笑臉。這樣一個出色的學生——可能會在聯考中考個狀元的學生，真得讓他們作夢都會笑。然而王寧卻在考前一個多月——正是河馬希望達到最高峰的時候，砰地一下休學了。校長取消了每天朝會後對高三同學的特別講話。河馬在國文課上歎息不已（班會由於種種復習考試早已停開）。他們的歎息中總也掩不住對王寧的責備。王寧若是出車禍死了，或是躺在醫院裏奄奄一息，他們恐怕會死心些。偏偏王寧休學的原因至今還是個謎。雖然她辦休學所遞出去的是張公立醫院的證明，證明著什麼慢性病之類的病，但是大家都清楚，就憑王寧她老爸的關係，弄張這個簡直不費吹灰之力。大家心裏也都知道，王寧根本沒有什麼撈什子的慢性病，托辭而已。對於河馬他們來說，這樣一個沒病沒痛的王寧就這樣跑了，不是混帳是什麼？

王寧事件卻在同學間激起了一股莫名的情緒熱潮。在整個沈寂的快要停擺的氣氛中製造了一個高峰。面帶惋惜之色是不可免除的姿態，但每個人在熱烈討論這事時都不自覺地透露了興奮的情緒。這倒和王寧平日與大家的情感無關。事實上，大家談這事時早已把它和王寧隔開，只因這是這些日子中唯一「非聯考」的話題。而且因爲此事的發生，大家也可以在每堂課上暗暗地期待老師會撇下功課，談談這件大事。可不是嗎？連平日不多說一句廢話的卜卡薩有時都會擲卷歎息，似乎王寧的休學使他三年的努力付諸東流。對於此種難得的「閒扯」，大家已感激不盡，亦無多餘的情緒去敏感於這樣的被「一筆抹殺」。而且王寧如此地被特殊化，也是大家早已習慣了的一種狀態。

這件事對我來說，更是這些日子以來的大節目。同學在猜測王寧休學的種種原因時，都不免等我做下判斷。因爲我與王寧同座三年，使我在這事上占了個權威的地位。這樣的地位使我的日子充實了不少。有時我在推斷王寧休學的原因時，會因某個原因的似真性與戲劇感而興奮的發抖。但說實在的，我對整件事也存著徹底的疑惑。

認得王寧是在高一的新生訓練上。那時我剛離家，一人北上念書。濃厚的思家之情亦不易爲一個新環境的新鮮感所沖淡。對這個陌生的環境就難有多少好感。這股情緒連帶牽扯上了我身邊的女孩——一個極愛大笑的女孩。她就是後來處處表現驚人的王寧。她實在太愛笑了，笑得令我覺得不安。她的笑尤其觸犯了我當時憂鬱重重的心境。捧著這份濃厚的鄉愁，我不禁暗自咒罵身邊這女孩子的輕浮與淺薄。

排位子時，偏巧我和她差不多高而被排在一塊兒。由於先前對她的種種印象，自然有點不屑結交這樣的一位朋友。王寧初中念的是當地有名的好學校，所以有一大掛初中時的同學好友編在這一班。她並無寂寞的困窘，也不急於交我這個同座的朋友了。王寧在她的舊友中似乎頗得人緣，總是談笑周旋於老同學之間。我在南部鄉下，可是被老師同學捧慣了的，王寧的談笑風生對我無疑是一種打擊。她沒有先來與我搭訕對我更是一項屈辱了。

開學後，王寧加諸於我的打擊更是一件接著一件而來。不說別的，她的功課可就把我壓得死死的。大部分考試的第一總給她摘了去。儘管我拼死拼活，初中的光榮時代似乎永遠不再了。王寧功課雖好，卻沒有一般功課好的人那種孤高的怪癖，故在功課之外想貶低她，也是不十分容易的。王寧給予我的不安持續了一個星期之久，後來由於我的功課一直沒有什麼起色，既接受了自己在這新環境中的地位，亦就漸能容納下王寧的優秀。

撇下這一切私有的不滿和怨恨之後，我發現王寧亦是個相當可愛的人，尤其是她那股憨厚及大而化之的氣勢，讓人覺得一切與她的鬥氣及心眼都是可卑的。

王寧的大笑不僅是我們信班的風景，在全校都是有名的。她的笑聲之大，總可以傳透幾間教室。聽說最嚴肅的河馬有一次在忠班發脾氣的當兒，竟也給王寧所發出的一陣爆笑給逗樂了。王寧的笑總是透亮亮的，不雜一絲別的情緒，不僅聲音大，動作也特別多：先摘下眼鏡，而後前俯後仰，手不是敲著桌子，就是拍著大腿。後來念國文念到「搏髀爲節」，我就把它用在王寧身上了。又說孟薑女哭倒萬裏長城，王寧足可笑倒萬裏長城。而她的一笑更可媲美褒姒——傾國傾城。

我和王寧熟絡後，也多了些私下的閒聊。我驚奇地發現她從不提及她家裏的情形。起先我還用我尚有的優越感去揣測她必有個破敗的家庭。後來卻在同學唏唏嗦嗦的私語中，得知她父親竟是頗有名氣的退休下來的外交官，而她的母親美豔異常，是當年聯大的校花。這種顯赫由於王寧本人的緘默，而益加地扣人心弦。

同學們格外地熱衷於談論她父親年輕時的風流及豔史，她父母親如今如何地不和睦，以及王寧那住過神經病院的哥哥……。這些屬於上一代的故事，卻因爲王寧，又流動起來，且加上了幾分陰暗和神秘。難以想像的，是王寧在背負這些沈重的家史之餘，竟還能笑得如此開懷。這些傳聞時時梗在我心中，讓我莫名地覺得淒然。不知該懷疑這些道聽途說，還是該懷疑王寧傾國傾城的大笑。

王寧什麼功課都好，唯一差勁的就是體育。她雖很高，卻長得過胖，故除了鉛球之外，其他的項目一概很差。她肥嘟嘟的身材，穿上學校規定的燈籠褲，模樣實在滑稽，她跑起步來總是沈沈重重的在她的周圍激起一小撮地震。大家都說她的步子和她的笑聲一樣，是能傾城傾國的。又有人開玩笑地說，王寧要是從學校最高的懷生樓跳下來，準可到得了地心。這些描述也常把王寧自己逗得很樂，牽引出一陣開懷的大笑。

這麼個安穩滑稽的王寧，卻突然地休學了，大家的訝異是可想而知了。其實在高三下學期一開學的時候，我就覺得王寧的臉色不太對勁，但那對一個高三學生而言，也還不算太不正常的。除了少去了幾聲大笑以外，王寧好像還是王寧，老師寄望最深的王寧。卜卡薩就不止一次的說：「好好加油呀！王寧，就看妳的了。」好似我們整個學校的榮辱，包括校長、河馬、卜卡薩及我們這群小嘍嘍的生死存亡，就在王寧的一舉的。

起初，王寧也很自然地用幾聲笑聲回覆如此深切的期許。日子久了，王寧回應的笑聲卻逐漸乾澀，後來眉間竟也閃過一絲不耐，那是我第一次在王寧的臉上找到陰影。也許大家對她的期盼，再也不能只當作是贊許，而是一種沈沈的負擔。

在她辦休學的前幾個禮拜，情況就十分的不對勁了。她總是眼圈黑黑的來到學校，胖嘟嘟的身材亦清瘦不少。若是現在還有體育課，我想她亦無力踏起她那傾國傾城的腳步了。原先我只當那是夜車開多了，然而就在一次模擬考中，王寧竟然滑出了十名之外。卜卡薩他們著實緊張，也都暗自期望這只是一次意外。此後一堂英文課上，王寧又因精神恍惚，被卜卡薩訓了幾句。卜卡薩一向是最疼王寧的，故訓完後又轉而安慰說：「王寧，最後一分鐘往往能決定一切，妳一定要堅持到底，好學生是絕對不准考壞的。」這時我卻望見王寧嘴角掛上足夠算是輕蔑的冷笑，我從沒想到王寧的臉還能笑成那樣，不禁暗自想起，好久沒聽到王寧開懷的笑聲。最讓我驚懼的是，有一次她竟神經質地抓住我的手臂，眼神空洞地說：「怎麼辦？我總是睡不著，努力了好幾個晚上，還是沒有辦法。」王寧的表情是嚇人的，我不知何以對她，我從未看過她如此無助。

高三總是那樣自顧自地死命讀書，對王寧我亦無法分心去注意。有一天，我不經意問她最近睡得好不好，她淡淡地回答我說還不錯，不過都是靠安眠藥入睡的。我大吃一驚，一邊說些勸阻的話，一邊問她藥的來源。「家裏有得是，爸爸吃了好多年了。」這是我第一次聽她提起她的父親。我想到了那個豔史燦然，風度翩翩的外交官，曾幾何時也如此陰晦地吃起安眠藥來了？王寧又幽幽地說：「我不吃怎麼行？他天天晚上對著我的門，把收音機扭到最大聲。他想活活地我害死，或者和他一樣成個神經病。他還真怕我會考個狀元去壓他的威風。真絕！卜卡薩不准我考壞，他不准我考好。」對於她家的情況，我仍視爲一項禁忌，不敢多問。後來猜想這個「他」，八成就是傳說中有神經病的王寧的大哥。這段談話使我在後來討論王寧休學的原因時，權威地加上「家庭因素」一條。然而真實情況如何，誰都不知道了。

她告訴我打算休學那天，我的震驚實在非同小可。還有兩個月就要聯考了，大家除了聯考還是聯考，她那來這稀奇古怪的念頭？我要她別開玩笑，學校還等著她去考個狀元呢！她嫌惡地搖搖頭，說她無力闖過這關，早些讓那些等著看好戲的人死心也好。她似乎去意已堅，不欲多言。我也只好勸她先請請假再做決定。第二天她果然沒來上課，一個星期後就休學了。

這個星期，大家談的都是王寧，聯考反而出奇的遙遠了。不過這個節骨眼上，一個星期的出軌已夠奢侈，現在一切又該風平浪靜，卜卡薩痛心疾首後，又決定在今天下午來給我們補課了。

上完三個鐘頭的英文課，已是七葷八素，累得半死地回到自己在窄窄小巷子中租來的小房間裏，盤算明天的數學復習考，英文小考、歷史、地理模擬考。今天黑板上的數位已是四十五，好清楚的四十五。我又不禁羨慕起王寧，她真是解脫了。

早上一醒來已是七點半了。趕到學校時朝會已過，只好直奔教室。第一堂又是英文課，要小考的。一進教室，不見同學低頭K書，卻一個直楞楞地瞪著講臺上的英文老師。我不安地坐下。卜卡薩低低地說：「王寧實在太傻了，怎麼會這麼想不開。」發生了什麼事？我輕輕地戮一下旁座的趙美渝，打探消息。「昨天晚上王寧跑到學校，從懷生樓上跳下來。」

趙美渝輕聲地說。她一臉的凝重讓我覺得陌生，我們從來沒有這樣嚴肅地講到王寧。爲要甩開這股不自在，我竟不自覺地脫口而出：「到了地心了吧！」在寂靜中全班都捕捉到了這句話，大家都回頭惡意地瞪著我。她們的眼神提醒了我還沒納入意識的念頭——王寧死了。她們在震驚之後都已接受，而我是遲到的一個。從此我們都得用這樣的凝重來回憶王寧，回憶她那搏髀爲節，傾國傾城的大笑。英文老師哀悼完後，竟又機械性地數起考卷。此時要用一堂課的時間去悼念一個人，是我們付不起的奢侈。黑板一角清楚地寫著四十四。

萱姨的家

（一）

小時候，每個寒假最大的節目，就是到萱姨家去住上個把個禮拜。回到南部，渾身像鍍了層金，和鄰居大毛、小毛她們講述臺北的種種，看著她們呆呆愣愣的德行，就不禁自覺重要起來。所以每次媽媽要上萱姨家，我總要力爭這被媽媽帶去臺北的名額。

除了臺北那份刺激之外，萱姨家亦是主要吸引我的地方。大表哥、大表姊最疼我，每次總會安排些節目，把日子弄得熱呼呼的。小表姊則成了我最投機的玩伴。萱姨和姨丈則是那種漂亮的，相襯極了的夫婦。他們家的氣氛是誘人的。每次從他們家回來後，我就不禁抱怨爸爸對媽媽不夠體貼，媽媽對爸爸不夠溫柔，他們爲什麼不學學萱姨和姨丈。或者，我會恨爲什麼我不乾脆就是萱姨的女兒。

當我考上臺北的大學後，這種盼望幾乎是實現了一半。因爲到了舉目無親的臺北，我很自然地要搬入萱姨家。爲這事我興奮了一個暑假，再加上將成爲一個大學生的欣喜，使我覺得媽媽時有時無爲我北上而掉的眼淚，簡直有些婦人之仁。除了北上那天，火車發動時，我有絲絲的難過之情外，從頭到尾，我簡直就像一隻待發的箭，全心指向著臺北。

（二）

萱姨家是大家公認的模範家庭，姨丈對萱姨的全心全意忠實常被媽媽用來指責爸爸。當然最主要的，姨丈在事業上的成就要比爸爸高出許多——一個規模不小的公司的襄理，聽起來當然要比爸爸在市政府幹個小科長神氣得多。而表哥、表姊他們在功課上的卓越，可製造了不少我和哥哥、姊姊自卑的理由。總之，他們家什麼都是處於最理想狀況。我常聽人說：「家家有本難念的經」，我就立刻想到萱姨家可是個例外，她家那來那本經呢？

到了萱姨家後，我被安排跟小表姊珊雲住一個房間。珊雲比我大一歲，那年念到了大二，不過她的學校比我的好多了，是臺北最拔尖的大學。大表姊已去了美國，大表哥則在軍中服役。這時，萱姨家已比小時候冷清些了，我的遷入也算添一份熱鬧。一搬進萱姨家，小時候那種渡假的心緒又都回來了。

（三）

住了兩、三個星期，我卻漸覺得珊雲和小時候不太一樣了。小時候她本就比我文靜，但卻不是現在那種隱隱的冷漠。和她談話，也不似從前那般暢懷了。

珊雲在萱姨家是和萱姨長得最像的一個，也是最美的一個。聽媽媽說萱姨以前在她們那所中學裏頭，還算是朵校花。萱姨和媽媽雖是親姊妹，卻是兩個典型，媽媽粗獷高大，萱姨細緻小巧。珊雲完全繼承了萱姨這些特色，總給人那麼瘦瘦弱弱的感覺。我想當年萱姨能攫住姨丈這樣高大英挺的男人，也是憑著這份氣質吧！萱姨照顧姨丈那份細膩，我更是看在眼裏。姨丈每天一進門，她就送上拖鞋、報紙、清茶。飯桌這樣那樣地侍候著姨丈，要是有魚呀、蝦呀，總是骨頭剔得乾乾淨淨才送到他的碗裏。晚上，消夜、點心什麼的，也從來沒缺過。尤其姨丈的心臟不好，萱姨更需多上一層「食療」的功夫。其實，不只是對姨丈，就是對珊雲，萱姨也是這樣照顧的。我去後又受了同樣的照顧。奇怪的是，萱姨這樣細心的調理，姨丈和珊雲卻都是瘦削的，不知東西都吃到那兒去了。我才受幾個星期這樣的待遇，就胖了兩公斤，害得我常常找藉口不回去吃飯，怕被養成了隻小豬。

不僅在起居飲食上，萱姨把姨丈和珊雲照顧得無微不至，就連珊雲在學校上什麼課，做什麼；姨丈在辦公室辦些什麼業務，接觸什麼人，她都弄得清清楚楚。記得有一天我比珊雲早回家，看到萱姨正爲珊雲的遲歸著急。珊雲歸來後，萱姨急迫地追問她的行蹤，她很清楚地指出珊雲的最後一堂課是四點下課，珊雲該在四點半到五點之間到家。珊雲說大夥到李教授家去聊天了。萱姨又追問了一些問題，比方說有誰在場，談些什麼；似乎她對李教授及珊雲的同學也都瞭若指掌。

雖然受到萱姨這般禮遇，我卻漸漸發現童年那份感覺已不再那麼濃郁。不知是因爲自己長大了，還是因爲萱姨家比從前冷清了些，而姨丈亦不似我小時候那樣，熱烈地逗著我問長問短。他常不在家，一個月也有一兩次的出差。平常日子也就只有珊雲、我和萱姨待在家中。珊雲十分本分，幾乎天天晚上足不出戶，關著門在房裏念書。我帶著幾分新鮮人的好奇心，還時常被校園裏的海報吸引，溜去參加一些活動，而一個星期總有幾個晚上不在萱姨家。日子久了，珊雲的本分和萱姨的安靜竟成了我生活上的一種負擔，尤其是晚歸的日子，我簡直就像個犯了罪的逃犯，偷偷地帶著罪惡感回到家中。由於越來越尋不出兒時的那股興致，我漸也覺得這兒不見得就是天堂。

（四）

第一個寒假我回到家中，告訴媽媽我打算搬出萱姨家，住進女生宿舍。媽可是一百個不贊成。又說了一大堆什麼小時候不是挺喜歡萱姨家，長大了就變得稀奇古怪一類的話。我只好答應再住一學期。其實想想，萱姨對我也實在很好，我大概只是一下子無法接受與小時候有差異的氣氛吧！

大一下，我的生活中又多了一個林鋼維。林鋼維是籃球隊上的一個大男生，郊遊時認識的。他的個子十分高大，又有幾分憨氣。郊遊回來後，每次一下課，就看到他高大的身影杵在教室門口，害得我不知所措。和他玩久了，同學已把我們扯在一塊兒，我就開始急了。我從沒想到我的「男朋友」會是像林鋼維這樣的德性。雖然和他在一起也還蠻愉快的，但還是覺得少了些什麼。也許問題就是太快樂了，我總覺得真正的戀愛是該帶點憂鬱的。因此我有時也會有意無意的和他鬧點小彆扭，搞得他慌成一團，找也找不出那裏得罪了我。看他那副德性，我更是氣得咬牙。就連我刻意製造出來的憂愁，他都不曉得細心地爲我捧著。有時他慌極了，乾脆就拍個球跑了，留下我一個人氣得發抖。在我心中，男女之間總要像萱姨和姨丈那樣，細柔而不輕狂。萱姨的笑令人心痛，好似笑時都是輕蹙著眉頭，而一旁的姨丈，總那麼默默地瞭解著。和林鋼維在一起時，我也常企圖想笑得和萱姨一樣，但林鋼維那個球鬼，卻從不知道這笑裏面的意思，一逕在那兒大聲報告昨天球賽的分數。

雖然常生林鋼維的氣，卻仍有大部分的時間分給了他。萱姨家只成了我晚上回去睡覺的地方，關係已淡得可以。我更覺得該早日結束這種「寄居」的關係，否則我利用他們的嫌疑可太重了。

萱姨仍對我客客氣氣，照顧得十分周全。但我總覺得萱姨家的氣氛不再像小時那樣自然了。尤其有幾個遲歸的晚上，我竟發現萱姨還焦急地坐在客廳，等待著未歸的姨丈。姨丈那標準丈夫的形象，在我心中動搖起來。但是見了他的面，卻依舊覺得他的豐彩襲人。使我更覺得林鋼維只是個毛孩子。第二天一定又找個理由，發他一頓脾氣。

雖然我已覺察出萱姨家的空氣有幾分不對，但是他們那種完美的湊合，仍然深植我心。直到期末考前有一天，我提早回家時闖到的一幕，才使我不再那麼毫不懷疑地接受這份完美。

那天下午我正好沒課，加上期末考在即，我一反常態地早回到了萱姨家。踏入客廳時，我聽到了女人抽抽答答的哭泣聲，以及男人喃喃的低語。我立刻止住腳步，望向萱姨的房間。由半掩的房門縫隙中，我看到側坐在床上的萱姨，鐵青臉上垂著淚，緊抿的嘴把整個臉扯出許多誇張的線條，平日柔和的眼光，此時卻死寂地望向茫然。就在她腳邊，蜷伏著一個男人的身軀。那個男人是跪著把頭埋在萱姨的腿上，嘴裏呢喃著萱姨的名字。我卻從衣服上認出了那是姨丈。我慢慢轉過身來，走出了客廳，輕輕把門帶上。

我在街上晃了很久，心中塞得滿滿的，也理不出一個頭緒，只是極端地難受著。我並沒想去解釋那一幕，或做任何的聯想。在驚恐中，我只能讓那突兀的景象反覆地在我腦中重演。那晚回去之後，我亦無法正視萱姨迎上的笑臉，因爲在那笑意的後面，我仍看得見那垂滿眼淚的愁苦。

我沒向任何人述說這件事，害怕別人爲我做下什麼結論，也怕自己在述說中，胡亂做了什麼不應有的猜測。

（五）

珊雲的冷漠和美麗，使她有了一些名氣，跨過幾個學校，也傳到了我們學校。土頭土腦的林鋼維，居然有一天也跑來問我珊雲是不是我的表姊。為了此事我兩天不和他講話。就憑他，也敢對我不忠實—在我面前提起別的女孩，尤其是漂亮的女孩，多少有點這樣的嫌疑。但事後我也會旁敲側擊地問問林鋼維，珊雲在他們男孩子群中的聲望如何。

珊雲雖是我小時候最親密的玩伴，如今卻已有幾分陌生，亦有幾分神秘。我對她竟已產生了一種該存在於陌生人之間的好奇。據林鋼維說，想追珊雲的男生可以排成好長一條隊伍，只是好像還沒什麼人有任何的眉目。我想珊雲那種下了課就必須回家的生活，大概也沒有留下什麼可以約會的時間。

我和珊雲雖住一個房間，天天照面，卻極少做深入的交談。期末考完，我打點行李要走的那晚，珊雲卻意外的放下了書本，和我聊了起來。起先也只是泛泛之談，後來她卻問起我和林鋼維的事來。我有些慌亂，像是被一個生人問到了最貼身的問題，不知該怎麼做答。偏地，珊雲又不是個完全的陌生人，而是小時候可以一塊兒洗澡的表姊。我淡淡地說還好，只是林鋼維粗枝大葉，不夠細膩。我順嘴說：「他有姨丈十分之一細緻就好了。」珊雲沈默了一下，然後說：「男人太過細膩也不全然是好。」

她又問了好多有關我和林鋼維的事，比如說我們都上那兒去玩，都玩些什麼等等。出乎我意料的，她的語氣中，竟充滿了欽羨的味道，好似在談論著一件她可望卻不可及的情事。這與我一向存有珊雲是受男孩子包圍的印象，實在格格不入。我好半天才忍不住問珊完：「聽說好多男生排著隊追你，你都不理啊？」我吞吞吐吐地說出，像說一個不該說的禁忌。她又刻意地撇個嘴，嬉笑著說：「你信不信，我還從來沒有和男孩子單獨約會過？」

珊雲的臉實在不宜俏皮，她刻意做出的輕佻，反而扭曲了她那原本漂亮的臉孔。她似乎也意識到她做作中極端的不自然，故也斂起了笑，幽幽地說：「有時我覺得我像長在園牆裏的九重葛，看著外頭的熱鬧，根卻長在牆裏，寸步也不能移動。」

我很難忘記珊雲說這話時的表情，臉上淡淡的，卻不是平日那股冷漠，而是一份淒然。我後悔勾起這些話題，於是靜默著。珊雲卻像夢囈似地呢喃著：「有時我真恨我媽，就是因爲她不給我們任何恨她的理由。她真的把什麼都給了我們，但是這種接受是多麼沈重的負擔！我常想著要做一件驚天動地的壞事，傷透她的心。只有這樣，才能一下子剪開這些綁在我身上的繩索。」我並不十分明白珊雲說這些話的動機何在，但我卻莫名地想起了幾個星期前無意闖見的那一幕。萱姨那淒厲的眼神，是否正是在控訴她遭人背叛的不平？姨丈是否背叛了她？

（六）

暑假回到家裏，也不知是不是久未回家的緣故，竟覺家中格外溫暖。連爸媽偶而的口角，都顯得有趣。媽媽雖然十分粗線條，卻可任由你在她懷中打滾，賴皮地勒索這、威脅那。奇怪的是，我從前對媽媽不夠細膩的怨尤，已不見蹤影，反而覺得這種勒索要求亦是一種親情。

我對萱姨家的一些疑問，也只敢放在心中。爸媽談到萱姨時，我會拉長耳朵，覺得可以聽來一些情報。但除了媽以姨丈爲範例指責爸的那一老套外，也沒聽到什麼新鮮事。我想萱姨家就算有什麼事，也會被她謹慎看守，傳不出她家那座高牆的。

（七）

在挨了媽媽一頓罵後，我總算得到了住校的許可。開了學，我就離開了萱姨家，自由自在，痛痛快快地開始玩了。對於童時的天堂，我似乎也沒什麼顧盼的情緒。我還是和林鋼維玩在一起，他還是那麼討厭，整天只知道打球。只是我現在比較少要他服侍我一些憂鬱的臉孔，吵架的次數於是也少了些。搬出來後，我更難得去萱姨家一趟，總是媽媽來信催逼，我才不能不去亮一下相。我竟已視去萱姨家爲畏途了。

大二下學期剛開學的時候，從林鋼維那兒輾轉聽說，珊雲和他們學校物理系的一個男生走的很近。林鋼維緊張兮兮地告訴我，那個人可是出了名的大花心。我想起珊雲說過要背叛萱姨的話，不禁爲她耽心起來。

學期快結束時，林鋼維又傳來情報說那男孩子和珊雲散了，卻四處宣揚著說珊雲爲他墮過胎。我把林鋼維臭罵了一頓。因爲他竟敢在我面前提這種齷齪的事，更因爲他竟這麼沒有頭腦地相信那些沒有根據的謠言。

放假前我沒去萱姨家，害怕去了會真的證實了這個傳言。事後想想，就算真有其事，萱姨恐怕還是會沒事似的笑臉相迎。她會永遠堅強地挺在那裏，防止她的家人淪爲別人的笑柄。

（八）

以後的一年多，我也一直忙自己的事，萱姨全家已被我擠到記憶的一角，偶而翻出來思量思量而已。

那天回到宿舍，我收到了媽媽寄來的限時信。她剛接到姨丈的訃聞，在震振驚難過之餘，立刻差遣我去萱姨家慰問一下。我沒有照媽媽的意思去做。我忽然對踏入萱姨家，產生了無比的恐懼，尤其在如今這樣的情況之下。

媽在姨丈公祭的前一天趕來臺北。我找了理由，也沒有陪她同去萱姨家。回來後，她臉上有著哀戚與迷惑。她說姨丈死于心臟病突發。她遲疑了一下又說，在萱姨家穿梭的太太們口中，她聽說姨丈是死在陽明山的一幢別墅中，身旁竟有另一個女人。媽說完又感歎著說：「怎麼會是這樣呢？」在她心中，這個妹夫再標準不過，怎麼去解釋這個曖昧的女人的存在？

我自己卻開始訝異，爲什麼我可以如此泰然地接受姨丈的死訊？我甚至沒有想過要去探究他的死因。

（九）

再見到萱姨是在殯儀館，場面哀淒的公祭儀式上。一年中，她老了十年，嘴角緊抿，眼神空洞。慘白孝衣包裹著仍挺立在那兒的身軀，似乎她仍在那兒爲姨丈辯護，爲她家的清譽奮戰。我感覺一股涼意自背及脊生起。林鋼維握住我的手，扶穩我將至搖晃的步伐，輕聲對我說：「走吧！」

四年來，他的行事從來沒有這麼對勁過，他的手也從來沒有這麼溫暖過。

花季

顏美蓉脫下了蒼白的實驗服，一種解脫的感覺立刻充滿了她。實驗室的人都走光了，落日的昏黃灑在一排排冷漠的儀器上。顏美蓉猛然記起今天是星期六，打下午起，小猴、大陳他們就一個接著一個地向她伸伸舌頭，做個鬼臉溜走了；把她和這一屋子的瓶瓶罐罐扔在這裏。顏美蓉對這一切也習以爲常了，反正大家都知道週末對「顏大姊」而言，和平常的日子並沒有什麼不同，倒是這一屋子的沈寂卻往往提醒了她今天是週末。在顏美蓉的記憶中，週末好似從未帶給她什麼特別的感覺。中學時，一篇週記，兩篇大小楷告訴她又過了一星期。大學時，同學們換上了花衣，互相交換著神秘的眼光，她知道又有一個週末舞會在等著她們。就這樣一個個週末溜掉了，到今天她還是一樣，守著實驗室，看著小猴她們去擁抱週末。

顏美蓉費了些力氣才鎖上了那把帶鏽的大鎖，步入校園。三月的夕陽總是淡淡的，透明的，她深深地吸了口氣。杜鵑花開滿了整個校園，夕陽下美的有點離奇，染上了這層亮麗的紅彩，反而有些不真實了。柏油道上躺著好些被風吹落的杜鵑，顏美蓉一沒留神竟踏碎了幾朵，黏滒滒的，在乾淨的大道上留下幾個紅黑的腳印。她索性走向草地，用力擦著鞋底，想抹淨沾在鞋底的碎花瓣。鮮綠的草地被擦出了幾條痕迹，還帶著些被擠碎的紅花瓣。她加快了腳步，走向車站。

回到家天已全黑了。屋裏沒有點燈，顏太太坐在一張老舊的籐椅上，手指間緩緩地爬著一條念珠。看到顏美蓉，顏太太放下了那串珠子，起身為她開了紗門。十坪大的客廳裏放了幾張籐椅，二把茶几，一把茶几上擺了一個暗紅的花瓶，卻空空的沒有插花。對著門的壁上掛著一口黑色的老鍾，常常走累了，就停下來，上面的時間很少是正確的。另一邊的牆上則是顏老先生的遺照，黑暗中緊抿著雙唇，揚著兩道濃黑的眉。牆壁泛黃，除了這兩樣東西外，什麼也沒有，牆角卻沾了幾根蜘蛛絲。

顏美蓉進屋後「啪」的一聲，打開了燈，六十瓦的燈泡發出令人昏眩的暈黃，把人的臉都閃得有些青灰。飯桌上已擺好了碗筷、飯菜。顏太太揭開了紗罩，喚美蓉去洗把手就開飯了。兩個人低頭唏唏嗦嗦地吃著，都沒開口說話。良久，顏美蓉突然打破沈寂地說：「媽，黃玫梅要結婚了。」顏太太長長地「哦」了一聲，沒再作聲，似乎再多的言語會破壞什麼。顏美蓉咬了咬嘴唇：

「黃玫梅的爸媽都去美國主持婚禮了，這個消息還是陳芩告訴我的。」

「黃玫梅該寫封信通知妳的，到底妳們從前是好朋友。」

「她朋友多的是，那還記得我！」

之後，兩人又沈默了。

飯後，母女兩人忙著收拾桌子、洗碗，只聽到盤子互相撞擊的聲音，兩人卻依然沈默。從顏老先生去世之後，兩個人似乎也習慣了這種安靜，誰也不想主動去破壞它。父親剛死的時候，家裏卻也熱鬧過一陣，舊時的老友穿梭在顏家，安慰著顏老太太，熱鬧中竟有一絲興奮的情緒。後來一切都沈寂了，顏老先生被冷落在牆壁一角泛黃的照片中，而這個家的組成就只剩下這棟日式的木房，幾件家具，兩個沈默的女人，及大哥偶而從海外的來信。

美蓉對大哥的印象模糊得很，自她剛懂事他就上了船，和整個家也就疏淡了。偶而來幾封信，證明著他和這個家的關係。父親死時，他都無法在家。父親死後，他和這個家的關係就更遠了。

大哥是父親前妻的兒子。顏老先生舊時，也算是個有頭有臉的人物，到頭來卻只保住了自己的大兒子。在臺灣又再娶了妻，生了個女兒。昔日的顯赫已不復見，顏家卻依然穿梭著顏先生的一些老友。他們中間十之八九和顏老先生一樣，不再得意了。大家偶而湊在一塊兒熱鬧一下，倒也沖淡了幾分淒涼。雖然在臺灣有了家，顏老先生卻對它表現的十分淡漠，難得有幾個晚上待在家中，即使在家中，也總帶著些朋友。大哥和父親差不多，他自己的世界和這個家似乎是沒有交集的。這個家的組成對他來說根本荒謬得很，父親的妻子和他在年齡上竟相差無幾，他一直覺得父親的再婚是多餘的，年輕的妻子依然不能將他從過去的夢中解脫出來。美蓉五歲那年，他也就在朋友的介紹下上了船，離開了這個家。

美蓉的母親則是個習慣於沈寂的女人，默默地嫁給了大她將近二十歲的男人，默默地爲他生了個女兒，又默默地守著這個家。這份沈默卻似乎完全地傳給了美蓉，或者該說這份沈默一開始就籠罩了美蓉。事實上，美蓉和這個家的關係，也就止於和她母親的關係。父親和她距離的很遠。小時候，母親老愛把自己和她關在後面的小房間裏，而父親爽朗的笑聲總是由前廳一陣陣地傳過來，對父親的印象也就只有這些了。平常日子裏難得見上一面，見了面也說不上幾句話。美蓉的童年的世界幾乎全等於後面的小屋。那兒，她靜靜地望著母親微動的唇角，及手中緊握的一串珠子。

上學以後，美蓉的世界擴大了一點，但由於她功課太好，人又文靜，同學反倒有點怕她，和她講話都是客客氣氣的，所以也沒交上什麼朋友。除了整天念書，她實在不知道還有什麼事可做。初三那年，父親的死反而使日子有了點生氣。至少，她和母親不必再沈默地躲在後面的小屋中，她們在前廳大聲地嚎哭著，雜七雜八的叔叔伯伯來來往往地安慰她們。辦喪事的那幾天，她頭一次丟開了功課，跟著媽媽忙了一陣，也頭一次感覺她們和爸爸原是一家人。但喪事辦完後，一切又歸於沈寂，叔叔伯伯從此消失了，爸爸偶而傳來的幾聲笑聲也失落了。

高中裏總算交到了黃玫梅、陳苓兩個朋友。她們座位近，而黃和陳又是學校裏的活躍人物，見顏美蓉功課好，也就主動拉攏了她，偶而可以要她教教數學什麼的。三個人感情本也沒什麼，上了大學自然就各自分散了。黃玫梅和陳苓的名氣倒比較響些，顏美蓉常從男同學的談話中聽到一些黃玫梅的小故事，或在校內刊物上發現陳苓又當了某某社團的負責人。而她的生活卻平淡無奇，從家中到教室，教室到實驗室，實驗室到圖書館。畢業後，黃玫梅走了最熱門的路子：出國。陳苓在一家洋機關當起了秘書。顏美蓉則留在本系當助教兼研究生。畢業後的生活對顏美蓉而言，和畢業前沒有什麼兩樣，只是不時地聽說舊時的一些同學結了婚、出了國、生了兒女。這些本也只當傳說聽聽，但今天得到了黃玫梅結婚的消息，卻有一股不太相同的感覺。

像往常一樣，洗完碗後，她回到了自己的房間——父親死後，她佔用了他的書房。呆坐在書桌前好一會，思索著黃玫梅要結婚的事。她從抽屜中翻出日記，記著：「今天聽陳苓說黃玫梅要結婚了，不知嫁給什麼樣的人」。兩句話寫完，也不知還該寫什麼。她並不是一直有記日記的習慣，這本日記還是初中畢業時得到的獎品，多年下來，一本還沒記完。對她而言，翻閱從前的日記甚至是比較習慣的動作。想到今天聽到黃玫梅結婚消息時的震驚，及壓抑一天的情緒，該能洋洋灑灑地寫上一大篇。寫了兩句，卻怎麼也寫不下去了。「黃玫梅到底是嫁了誰？會不會是郭銘煌？」

郭銘煌的名字伴隨的是一段快要隱去的記憶。

大學時，美蓉班上男孩子多於女孩子，但美蓉和他們也只就在教室、實驗室碰個面點個頭而已。到大二那年她才發現班上的一個男孩子郭銘煌和她搭同路車。後來，郭銘煌也告訴她，在大一時就常在車上見到她，但她總是低著頭，又似乎根本不認識他，故也不便冒失的和她打招呼。說開了，那份尷尬也就打破，有時碰了面就一塊兒走。一星期平均總有兩三天碰得到郭，兩人就一起走過校園，穿過小徑到教室上課。這對顏美蓉而言，完全是一種新鮮的經驗，也就成了她生活中的高潮及盼望。每天早上車子到了郭銘煌家的那站，她總不自覺地緊張個半天，似乎期待他會搭這班車，又怕碰了面不知說什麼好。郭銘煌倒底是個比較會交際的人，社團跑多了，總能把場面弄得很輕鬆，偶而碰上同學，顏美蓉總要窘得滿臉通紅，像犯了錯似的。顏美蓉和男孩子走在一起，可能算是件不小的新聞，但以他們兩個人已往在班上製造的印象，絕不會使人想到什麼其他的關係。很少人會立刻把男女之事和顏美蓉想到一塊兒，尤其郭銘煌照顧女孩子也照顧慣了，於是他們兩人的關係立即被淡淡地解釋成：「同學嘛！」

大二下結束時，女同學中響起了警報，成雙成對的早大有人在。顏美蓉似乎也不再能心安理得地埋首書中。與郭銘煌這段際遇，也使她有了一些遐想。漫長的暑假對用功的她也是個喘息的機會，尤其又有了這件事。飛上雲端的思緒一步步佔據了她念書的時間。她會臉紅地把「相思」和這種情緒聯想在一起，或伴著劇烈的心跳想象郭牽著她的手或攏著她的肩，就像陳芩高大的男朋友對陳芩那樣。暑假雖然沒有課，她也會時時爲自己找個借書還書的藉口往學校跑，總希望郭會向往常一樣出現在那個車站。接二連三的失望使她覺得暑假竟是個無止境的折磨。

好不容易開學了，巧的是這學期有兩個實驗課顏美蓉和郭銘煌是分在一組。這使他們每星期至少有固定兩天的六個鐘頭在一起。星期四和星期五成了顏美蓉的另一個盼望。郭銘煌念書本來就是個半調子，外務又多，總不好好地做實驗，半個鐘頭一個鐘頭就開溜了，留下顏美蓉收拾善後。郭銘煌嘴巴又甜，常拋下一兩句話就夠顏美蓉盪漾一個下午，做完實驗還帶著一份滿足離去，盼望著下一次的實驗。

沾染了這樣的情緒，顏美蓉的生活也起了些變化。回家時不再那麼認定目標直抵家門，總會繞過幾條大街小巷駐足看看一些服飾店的熱鬧。有時和陳芩、黃玫梅他們碰上了，也能聊上幾句，黃玫梅對她男朋友群的描述，亦不復那麼遙遠陌生，好似她對男孩子的事也能把握一二。滋潤在「愛情」之中，使她臉色都鮮亮起來。這些當然逃不過黃玫梅她們尖銳的眼睛，有時她們亦會打趣地說：「顏美蓉該不是鬧起戀愛來了吧！」這也只是一種口頭上的戲弄，她們其實不見得會真把顏美蓉和愛情想成一堆的。而顏美蓉卻讓這時有時無的打趣，甜蜜地在心底徘徊。女同學談衣服、頭髮、化妝品時，她亦開始拉長耳朵捕捉一些消息。有一次領了家教的薪水，她竟在巷口那家小百貨店買下了隻閃亮的口紅。每天穿好衣服後，總輕輕抹上一筆，但又會在離家前輕輕地拭去。她想這樣仍會留下一點紅潤的影子。有一次郭銘煌有心沒心一句：「顏美蓉最近真是容光煥發，加上鮮豔一點的衣服，就更美麗了。」她又在菜場的地攤上買了件沾滿碎花的海藍色斜裙。初次穿起這條裙子時，真是彆扭。但在亮相後沒有造成什麼大風潮後，她才比較安心地穿起那一片碎花。走在鋪滿杜鵑的校園，她有時會不自覺地踏著輕巧的步子，把裙子旋起個小圈圈，不時地希望郭銘煌會突然地出現，伴她走這衆花簇成的小徑。

日子在幸福中溜逝，顏美蓉總能從郭銘煌那兒捕捉到隻字片語，咀嚼出一些甜蜜。而她和陳芩、黃玫梅之間的走動也勤了些，好似這種戀愛的感覺，突然使自己和她們立於平等的地位，且生活在同一個世界中了。

期中考後，她們三個又湊到學校附近的冰店聊天。黃玫梅在細數最近排隊追她的人後，竟出其不意地問起顏美蓉班上是不是有個郭銘煌。顏美蓉強壓住一陣悸動，漫不經心地應了一聲：「有。」黃玫梅攪了攪盤子裏的冰，撇撇嘴，嫌惡地說：「那傢夥亂纏人的，我早就擺明瞭對他沒什麼興趣，他還天天緊迫釘人。」黃玫梅舀了一大匙冰到嘴裏，再補了一句：「真討厭！」一股涼意從顏美蓉的背脊中生起，她慌亂地不知何以自處，用手沾了幾滴冰水，猛烈地在桌上畫起圓圈，同時用抖顫的聲音說：「我不太知道這個人，不太熟。」

黃玫梅絲毫沒有覺察到有什麼異樣，竟又揮舞著手上的調羹說：「就是嘛！小角色。他好像還知道我們要好，提過妳的名字呢！」

顏美蓉沒再答腔，她覺得腦子一下子空了下來，空得似乎裏面的空氣都在嗡嗡作響了。她茫然、渾噩，只斷斷續續地聽到黃玫梅一個接著一個地數落著她的男朋友。三月的空氣竟也燥熱起來，顏美蓉一筐茫然漸漸沈澱爲煩燥，她很想走出這家冰店，而黃玫梅還在那兒搖動著她那把亮晃晃的大調羹，也不知罵到那一家了。一陣突起的憤怒，漲上了顏美蓉的臉頰，她思索著一些話，想打擊黃玫梅，至少使她安靜下來：

「妳不必那麼得意，人家只是和妳玩玩。不說別人，郭銘煌就和我們班上幾個女生有一手。」

她劇烈地吐出這一長串話。黃玫梅手中的調羹終於停在空中，陳苓悄悄地把嘴靠在一根麥管上。兩個人都是一臉的驚異，驚異於顏美蓉這沒來由的憤怒，也驚異於「玩玩」、「有一手」這些字眼。顏美蓉亦感到了這一切的不當，她無助地、焦急地想哭。聊天會在尷尬的寂靜中結束。顏美蓉臉上的亮麗也從此失落。

但是每次碰到郭銘煌仍有那樣的悸動。她甚至企圖替他解釋，也許一切只是黃玫梅的吹噓。直到那天，郭銘煌向她打聽黃玫梅的住址電話，好像還說了些要她幫忙成其好事的話。從此就不再見顏美蓉穿起那件碎花的斜裙，其實裙上海藍的碎花也有幾分褪色了。

花季已過，小徑上已出現了落花，冷不防就踩碎了一朵、兩朵。

三月的陽光柔柔的，每一瓣花上都載浮了一片不同顏色的陽光。顏美蓉匆匆地走入校園，又是一天的開始。黃玫梅一向很浪漫，選這樣的一個季節結婚，一定是她的主意，她幾乎可以看到黃玫梅做新娘的那股嬌態了。新郎當然不會是郭銘煌，郭銘煌只是她一大張名單裏的一個名字。不像她，過了這麼多年，也只有這個名字可以紀念。開了謝了那麼多杜鵑，也只有一個花季可以溫習。

一陣風起，枝頭的花瓣由激動而顫抖而平靜，顏美蓉自風中搶下灰色的裙角，快步地走向實驗室。

困

那天上午還是萬裏無雲，天藍得很清澄。

梅芝吃過午飯之後，才漸漸感到空氣中那風雨將來的窒息。

雨下下來的時候，她卻反射似的起身砰砰關窗，同時想起沒帶雨衣的孩子。看看錶，離放學還有兩三個鐘頭，也許到時候雨就停了。

維中也沒帶傘，他是從來不拿傘的，即便是出門就下著雨。但若是淋著了雨，可要抱怨半天，又是全世界和他做對的一個例證。有些人是從來沒有將自己的行爲與自己的遭遇做因果連接的能力。維中就是這種人。他的一切遭遇都是「他媽的老天」佈下的陰謀—包括他自己結的這個婚，成的這個家。

梅芝想到濕淋淋的維中，張牙舞爪詛咒的樣子。她蹙了蹙眉頭，使了大力，摜上了一扇窗，在還是細碎的雨聲中，發出了一聲巨響。

進到維中的房裏—老二出生之後，他們就分了房睡，一股黴濕的氣味衝上鼻來，梅芝的眉頭蹙得更緊了。平日，她是能避著就不上他的房間來，除了每隔一天進來撿髒衣服、臭襪子、舊報紙之外，她是不太願意進來的。維中不在時，她的房間卻讓她想起他，兩者有著相類的氣息，真是「房如其人」。

其實，維中的房間跟本用不著她關窗——窗是一年四季都緊閉的。人都進不去，雨更是飄不進的。

這時，她卻只想開窗，那股黴濕的氣味越來越濃，像是被一塊用餿了的抹布，緊捂著鼻子那樣地叫人窒息。

她使足了勁，才拉開了那扇窗。一股風一下子旋了進來，刮得維中桌上的紙張飛揚。她急著去呼吸，卻沒想到去搶救那些紙張，其中可能還有維中才寫完的稿件。雨是飄向另一個方向，正好斜行過維中的窗口，只是路過，卻進不來。

雨既是進不來，梅芝也就捨不得再把窗關上了。維中的窗口是整個屋子中採景最好的一面。推窗出去，就是一片遠山，近處還有一條小溪在矮矮的防洪堤外流著。

維中寫稿，需要比較遠離塵囂的窗景。其實維中事事挑精撿肥，也不再需要什麼堂皇的理由。住進這個房間之後，他卻從未開過窗，他嫌河堤吹來的風，吹得他頭疼。

梅芝對著窗外飄渺的山景，臉頰上拍過時起的涼風，突有一種放肆的快意。卻忘了自己的住處，還有這樣的景致。她已太久沒有閑觀風景的心情了。

雨在霎那間又加強了許多。由羊毛的纖細，進展到了毛線針般的粗厲。雨打在屋頂上，「啪答啪答」越來越是倩急。梅芝還是關了窗，有點不捨，但又怕不久要雷電交加了。

一個下午她就被包籠在雨聲中。雷電一直沒有來，雨聲卻是冗長、單調、沒完沒了。她先是煩躁，後來就有點孤獨的感覺了。

雨聲稍歇時，她急著去開維中的那扇窗。窗外完全是一副不同的景象了。遠山早就消失在濃厚的雨雲之中，原來緩緩而流的小溪，卻成了一片寬大且快行疾走的波濤。一片片偶現在溪中的沙地，也多被急水淹沒。

在遠處，碩果僅存的一塊沙地上，卻有一個移動的小黑點，像是一個爬行的物體。而那影子倉皇的移動，就是從遠處望去，也能叫人有分焦急。

她到老大房中，找著了望遠鏡。

那原來是一隻被困的小狗，全身棕色，右眼邊上，有個巨大的黑點。梅芝在望遠鏡中，把它端詳了夠。

已給大雨淋得透濕的小身體，正無助地在那越來越小的沙洲上奔竄，想找條逃生的路吧！

梅芝不禁全身寒戰起來，彷佛自己就是那只被困的小狗。在四面壓境的逼迫中，她僅餘有一點剛夠立足的空間。

老大、老二敲門時，她還把自己膠黏在那隻望遠鏡上，固執地守著那隻小狗。在漫天煙雨中，她怕，怕她一眼不看，小狗就會被一片虎視耽耽的溪水吞沒。

那時，小狗已奔竄得累了，步子慢下來，但仍在那片沙地上踱著，頭低得很低。

她幫著老大、老二沐浴更衣之後，就差不多又是燒晚飯的時候了。老大、老二知道了小狗的故事，硬是搶去了望遠鏡。她也只能在做飯的途中，跑回窗口，用肉眼找尋那個還在的小點。

隔著雨，老大老二啦啦隊似的叫著：「游過去啊！小狗，游過去啊！」

雨一直沒停，在老二最後一次的廣播中，那沙地已小得和那小狗的身體差不多大了。

「小狗沒地方走了。趴在那裏，動也不動。好像……好像在等死了。」老二悲愴地說。

後來維中回來了。對自己房間的門戶大開，發了好大一頓脾氣。直指她說，說她簡直頭腦不清，會讓風雨那般地灌進他的書房，吹亂他的稿件。他罵了很久，又罵到那場風雨，沒道理地淋濕了他一身。

她和孩子都沒提小狗的事。

衆人皆睡之後，她迫不及待地拎了望遠鏡，在風雨中跑上了公寓的屋頂。雨勢已弱，卻仍點滴地下著。她在黑暗的鏡中，焦急地找尋那隻小狗。在沒有月光的漆黑下，她只見一片水影，晃動在她的鏡裏，連那片沙地，她也沒有尋到。

她在雨中立了許久。

「還是沒能逃開。」她靜靜地對自己說。

第二天一早，太陽就迫不及待地大放豔光。把昨天的風雨徹底地曝光，不留一點痕迹。梅芝的愴然仍在心底，簡直不能正視這興高彩烈的豔陽天。她提著菜籃，懨懨地走在通往菜場的小巷裏。

突然，她的眼角浮現了小狗眼邊的那朵黑影，然後她正眼看見了在陽光下發光的一團棕色的身體。她興奮地追了上去，小狗卻怯生生地跑開了。她半跑半走地跟了好久，走過了兩條巷子，直到小狗鑽進了一戶人家的門底。

她走回菜場，喜悅又恣意的享受著暖暖的陽光。

「畢竟它還是逃開了。」她得意地說，好象那是發生在自己身上的奇蹟。

溺死三隻貓

丈夫比爾從後院走進屋時，任叔君的臉正埋在一大本鮮麗的時裝雜誌的後面。雜誌封面的金髮女郎，手叉在腰上，側著臉，像是想躲開一樁不該看的事件。

比爾進到客廳時，雜誌封面的臉孔被拉下，換上了任叔君的。她說：

「又忘了換鞋，看你踩的一地的泥腳印。」

比爾立刻轉身，連辯解都懶得辯解。

任叔君瞪著丈夫的背影出神。半晌，她甩掉了手上的雜誌，把整個身體蜷縮在沙發裏，兩隻手臂互圈著，彷佛是在抵擋什麼樣的寒冷。

比爾再進來時，她沒挪動身子就說：

「都處理好了？」

比爾點點頭，繞過她的沙發，走上樓去。

吃晚飯的時候，兩個人還是不多說話。比爾悶著頭，像在生著什麼氣。還是她受不住，先開了口：

「什麼大不了的事嘛！只不過是幾隻貓。」

比爾這才擡了頭，一張娃娃臉，簡直有點要哭的表情：

「本來就沒什麼，我也沒怎麼樣。」

「還沒有怎麼樣，一直都不和我說話。」任叔君埋怨起來，後來卻有點撒嬌的意思。索性也就捉住比爾放在桌上的手，揉搓了一陣。比爾笑笑，很無奈的。一會兒，兩人都放棄了那份勉強的親膩。飯桌上又是一片沈寂。

已是入秋的天氣，他們的門窗依舊大開，偶而也還透進一點越益稀疏的蟲鳴。今夜這稀疏的蟲鳴，卻因室內出奇的沈寂，而顯得格外聒噪。

飯後，比爾上樓去趕一篇報告。她在冷颼的廚房整理善後。外面的漆黑從打開的窗口滲了進來。她看了一眼什麼也看不見的後院，突然有一股莫名的心悸。就在那時，他們那隻名叫「雪白」的大貓，旋風似的從她的貓洞裏衝了進來。一枚油膩膩的盤子，就從任叔君滑溜溜的手中一股腦地摔在地上，摔了個粉碎，並在靜悄的房子中發出了拉肝扯肺的巨響。

「雪白！」任叔君尖聲咆哮著，就要撿起手旁的叉子擲向那隻該死的老貓。

雪白神色不驚的前行著，只緩緩的回頭看了女主人一眼，一副事不關己的超脫。只是那回頭的一眼，冷凍住了任叔君正要攻擊的手勢。雪白自今早就不斷的喵嗚之聲，在她聽來竟是斷斷續續的哀鳴。她又再復習起剛才後院那一片漆黑所引起的心悸。於是，有點茫然地，她彎下身去，撿拾著滿地的碎片。

比爾聞聲趕下樓來，看到她正專注的清理著碎裂的盤子。一撮頭髮從她低垂的頭上一路掛了下來。那靜默虔誠且不見臉孔的身軀，像一尊銅製的雕像。任叔君聽見他來，卻故意沒有起身，好像真的被自己的專注所吞沒。她不想理他，他也知道。

後來比爾在書房中隱約地聽到妻子在電話上談笑的聲音，他才覺得有點解脫的安慰。但他卻始終拂不掉任叔君低身撿拾碎盤的影子。那似銅像般的決絕，更因有那由中掛下的一束長髮，而添增了一絲恐怖。他繼續聽著任叔君隔牆傳來的笑聲，清楚地感覺自己心中仍然緊縛著的一片陰霾。

「明天中午我在家等妳，陶德太太。我們可愛的小貓咪也會打扮的漂漂亮亮，恭候大駕。」

任叔君對著電話嘻笑個不停，說到最後一句時，嗲聲嗲氣的恨不得自己就是一隻小貓。陶德太太是任叔君指導教授的夫人，當然是個要好好服侍的人物。掛了電話之後，任叔君已開始運作心思，想著該怎麼打扮那隻小貓：藍的蝴蝶節，紅的小竹籃……。這一類的安排籌劃總可使任叔君精神大振。那一下午隱隱約約的氣悶，也就消失的無影無蹤了。

走向地下室時，她已輕快的哼起一首歌，間雜著咪咪的貓叫聲。但當她打開雪白及小貓的「房門」時，她的歌聲倏爾休止，驚愕的表情凍結在她的臉上。她反身狂奔，一口氣上了兩層樓，直抵比爾的書房。也沒等比爾應門，她就開門闖了進去，大聲嚷嚷：

「貓咪不見了！貓咪不見了！雪白和小貓都不見了。」

接著又是一陣急速的腳步聲。這次是她和比爾一起。兩人直奔地下室。貓窩中，小貓的軟墊已是空空如也，只有小貓曾躺臥出的隱約的身形。

他們立刻分頭在地下室搜索起來。

一樓、二樓也搜完之後，他們又各執一隻手電筒，走入了室外的漆黑。前院的階梯及附近的街道都找遍了，他們才走到後院。兩人都有點寒戰，卻都沒有說破。直到手電筒的光，落在一堆鬆軟的小土堆上時，任叔君才問：

「是埋在這兒啊？」

比爾嗯了一聲。兩人靜默著，都在努力吞咽著一股哽塞在喉頭的鬱結。

那天晚上，任叔君輾轉難眠，執意地想甩掉雪白叨著小貓走在夜霧中的鏡頭。那個鏡頭的反復湧現，使她有個少見的無眠之夜。

在那夜倉惶的搜尋中，他們都要努力，才能不去說破。但在共有的罪疚與恐懼中，兩人都明知，必定是雪白帶走了小貓，去尋一個較爲安全的地方。做母親的直覺使雪白知道是誰奪去了她另外的三隻小貓。任叔君想起那一日雪白不斷的哀鳴，與回頭張望她時眼中充滿的哀愁。

任叔君一向不太能容忍任何秩序之外的零亂，也因此她必須時時依照計劃行事。雪白生下四隻貓咪時，她齊整清淨的生活計劃暫時被打亂了。除了一隻送給陶德太太的小貓之外，另外三隻就成了秩序之外的零亂。她的生活中只能允許一隻貓的存在，那是一件不容置疑的事實。

她擬定了應變的計劃。這個計劃十分原始，也沒有絲毫的創意。執行計劃的人還非歸丈夫比爾不可。當比爾抗議那個計劃的殘酷時，她不可置信的叫嘯起來：

「比爾！你簡直是婦人之仁。剛出生的小貓會有什麼知覺？你要想想不處理掉的後果。你工作忙，我要趕論文，已經沒有時間顧家了。這一群貓一來，這個家還能像個家嗎？」

比爾本不是一個多愛貓的人，也著實給那滿屋是貓的情景嚇住了。理智地同意成爲任叔君的「共犯」。

那天他到地下室去「辦事」時，她則搬出了那本鮮麗的時裝雜誌，無心地翻閱。她聽到樓下浴室的流水聲。稍後，比爾從地下室走了上來，手上提著一隻大塑膠袋，裏面白毛毛的一片。她只從書頁邊緣向外瞟了一眼，又立刻把自己埋到書後。

把死貓埋在後院卻是比爾的主意。她原想丟掉就好。但在這一點上，她也難得地妥協了。

事情處理的很完好，只沒料到雪白出走的這一遭。明天如何向陶德太太交待呢？

在無眠的焦燥中，任叔君怎也無法對這一點點的「不圓滿」釋懷。她這永遠依計劃行事的贏家，竟會輸給一隻貓？雪白那回頭的一眼，竟會有一點譏笑的意思嗎？或是也有怨懣與憤怒？

那樣的眼神讓她想起了兩年前比爾那同樣飽含傷痕的神色。兩年前，她以妨礙論文爲由，拿掉了腹中的胎兒。那未成形的胎兒，不曾出現在她任何的夢中，卻在這清醒的黑夜，沒來由地湧現在她難得紛雜的意識之中。或許，他們原是可以養下那個嬰兒的。

從掀起的窗簾望出去，她彷佛看見行過後院的一抹白影。雪白銜著四肢蜷縮的貓嬰，勇敢的走出院門。在遠方，晨曦已畫下了一片若隱若現的光影。

陶德太太那兒是交待過去了。她說貓兒突然失蹤，並做出一副失望與不可理解的困惑。到頭來，竟也只贏得陶德太太的一片同情。

她卻曾有心地盼望雪白會有自己歸來的一日。

那分心意也只持續了一個多月。

後來，她終於寫完了論文，拿到了學位。比爾也被升爲系主任。他們正盤算著換一所更大的房子。這一切都比照著她的藍圖進行，是她一向掌握緊湊的計劃與秩序的最完美的顯現。只是雪白卻一直沒有回來。

兩則重逢

（一）

他從五金店裏出來，手中握著才買來的掃葉耙子，柄太長，拿不順手，險些撞上迎面而來的人。那人懷裏抱著一個容量四十加侖的塑膠垃圾桶，視線也被遮掩了一半。他倆一起想說抱歉的話。他從扶正的齒耙縫隙中望出去，卻正捕捉到大桶上的一雙眼睛。兩人都有一秒的震驚，卻也同時決定按下不表，垂下眼睛，靜靜地走開。

和老情人這樣的相逢也是絕事，那有比這更「反浪漫」的？一支掃把，一個垃圾桶，真是天知道！

他其實並不頂愛茱莉，這些年從沒再想過她。但是未完成的愛情，卻都又引人惆悵，好像生命中許多尚未成長就已死去的可能性。

在這秋日的午後，在自己幸福家庭的宅院中，他靜靜地營造起有點浪漫的心，把妻子、兒女，與中產階級舒穩的生活，全都摒除在外。而那心情中的熱情與不羈，與茱莉無關，卻像一團色澤與氣味都很曖昧的雲霧，一下子包攏了他。

妻站得遠遠的，進不了他的煙雲王國。他有一點滿足，心情像灑在落葉上的秋陽，散漫而又溫婉。

（二）

一隻玲瓏剔透的高腳酒杯，杯內晃著五彩的雞尾酒。

吊燈、地毯、華服鋪陳出的氣氛下，人人都沒有過去，沒有負擔，輕盈地可以飛起。

他們開始交談，也是因爲對方是大廳中僅有的東方臉孔。先時還不透露身分，只用英文講著。

後來他們越說越近，兩人的身世同樣講回了那個山邊的眷村。她才在他微翹的嘴上，看到那個熟悉的影子。追問出他名牌上橫寫洋名之後的中文名字，兩人都開心的像個孩子：他們彼此互知的前身。

他早早就離開了眷村，她卻在那兒等到了雙親過世，在那兒整理好了赴美的行囊。

她一下子憶起那宅院，院邊的牆角，就看得見他半伸半縮的身子。

「洪梅梅，今天的功課是什麼？」

她在紗門後面，不肯出來。

他索性爬上牆頭，雙手平伸，來回走在牆上。以爲沒人，竟然大聲叫著：「洪梅梅，洪梅梅！喔！洪梅梅。」

把她的名字當一首歌和著。和了一陣，才跳出牆去。

她開門出來，聽他的腳步在巷裏啪啪啪，越來越遠。口中還是叫著：

「洪梅梅，洪梅梅，喔……」

一直聽到尾音弱如青絲，懸在空氣中，很久很久，她才推門進屋。

《知更鳥的葬禮》各篇發表記錄（西曆紀年）

卡拉俱樂部	世界日報	一九九八年一月五日至八日
痧	世界日報	一九九七年九月二十七日至三十日
搖到外婆橋	中國自由報	一九九五年八月
阡陌之雪	中國自由報	一九九五年六月
漢宮秋	世界日報	一九九三年三月七日至八日
溺死三隻貓	自由報	一九九二年六月
知更鳥的葬禮	聯合報	一九九二年四月二十一日至二十二日
困	中央日報	一九九一年十二月十三日
兩則重逢	皇冠	一九九一年十二月
宴會之後	中國自由報	一九九一年四月
寂寞的街道	世界日報	一九九〇年十月十九日至二十日

九龍車站　中央日報　一九九〇年一月二十日
如風的小名　中國自由報　一九八九年八月
傾城傾國　新生報　一九七八年十一月四日
萱姨的家　新生報　一九七八年六月十一日
花季　中國時報　一九七八年一月五日